A História, entre a Filosofia e a Ciência

José Carlos Reis

A História, entre a
Filosofia e a Ciência

4ª edição
Revista e ampliada

autêntica

Copyright © 2004 José Carlos Reis

CAPA
Jairo Alvarenga Fonseca

EDITORAÇÃO ELETRÔNICA
Waldênia Alvarenga Santos Ataíde

REVISÃO
Vera Lúcia De Simoni Castro

EDITORA RESPONSÁVEL
Rejane Dias

1ª e 2ª edições pela Editora Ática

Revisado conforme o Novo Acordo Ortográfico.

Todos os direitos reservados pela Autêntica Editora.
Nenhuma parte desta publicação poderá ser reproduzida,
seja por meios mecânicos, eletrônicos, seja via cópia
xerográfica, sem a autorização prévia da Editora.

AUTÊNTICA EDITORA LTDA.

Rua Aimorés, 981, 8º andar. Funcionários
30140-071. Belo Horizonte. MG
Tel: (55 31) 3222 68 19
Televendas: 0800 283 13 22
www.autenticaeditora.com.br

	Reis, José Carlos
R375h	A História, entre a Filosofia e a Ciência / José Carlos Reis. – 4. ed., rev. ampl. – Belo Horizonte: Autêntica, 2011.
	144 p.
	ISBN 978-85-7526-115-6
	1. História-estudo e ensino. I.Título.
	CDU 930.1

SUMÁRIO

7 Prefácio

13 Introdução

21 A escola metódica, dita "positivista"

39 O Historicismo: Aron *versus* Dilthey

57 O Marxismo

73 O programa (paradigma?) dos *Annales* "face aos eventos" da História

113 A legitimidade intelectual e social da História

121 Posfácio – História da História (1950/1960) – História e Estruturalismo: Braudel *versus* Lévi-Strauss

137 Referências

PREFÁCIO

Ciro Flamarion Cardoso
(Universidade Federal Fluminense)

> *O antídoto para [a] irracionalidade sempre foi o apelo à observação, aos dados obtidos pelos sentidos, bem como à razão. A ciência tradicional e a nova cosmologia,[1] ambas enraizadas nesses métodos bem-fundamentados, podem prover a uma população educada nas ciências os meios de julgar os argumentos de autoridade e rejeitá-los quando se puder demonstrar que não têm base. [...] Por tal razão, o método científico – o método indutivo – permanece, como na época de Galileu, como uma força subversiva.*
>
> *Pelo contrário, a autoridade da ciência dedutiva é usada para defender o papel do saber constituído na sociedade. [...] [Neste último caso,] o critério da verdade não reside na fidelidade à observação e à experimentação, mas sim na beleza subjetiva das equações, nas simetrias arrancadas à mente dos cientistas ou à "mente de Deus" – em última análise, reside na autoridade dos físicos em posições de poder e das ideias estabelecidas.[2]*

Como se pode verificar na nota de referência, a passagem traduzida acima foi tirada de um livro publicado no final do século XX, em 1991. E, no entanto, mesmo se provém da pluma de um físico norte-americano formado

---

[1] O autor da passagem que estamos reproduzindo se refere, neste ponto, à cosmologia proposta por cientistas, como ele mesmo e Hannes Alfvén, que se opõem à teoria da explosão inicial do universo (Big Bang), segundo um ângulo específico que, claro, não podemos desenvolver aqui.

[2] Eric Lerner. *The Big Bang never happened: A startling refutation of the dominant theory of the origin of the universe*. New York; Toronto: Random House, 1991, p. 417.

pelas Universidades de Columbia e Maryland, manifesta uma posição acerca da metodologia científica que começou a ser criticada – com sucesso crescente – há muito tempo, desde, pelo menos, meados do século XIX. Com efeito, a partir de então, avolumaram-se as críticas ao indutivismo empirista enquanto concepção de como se gerariam os conhecimentos nas ciências não formais ou factuais (ou seja, nas ciências naturais e naquelas que se ocupam dos seres humanos e das sociedades que eles constroem). Ganharam terreno as teses da cognoscibilidade limitada, da existência de limites à objetividade ou imparcialidade do sujeito cognoscente. Verificou-se que tal sujeito interfere necessariamente naquilo que pesquisa; e, em lugar de uma visão das ciências baseada no indutivismo empirista, passaram a predominar as opiniões que atribuíam um caráter hipotético-dedutivo ao método científico. Fatos e dados já não apareciam como algo independente do sujeito epistêmico ou cognoscente: este sempre intervém na escolha, construção e delimitação dos dados e fatos que utiliza. Mais perto de nós, alguns, indo ainda mais longe, deixaram-se atrair pelo irracionalismo teórico-metodológico e por diatribes contra o método.

Tudo isso pode ser demonstrado. E, no entanto, um século e meio mais tarde, na atualidade um pouco mais, ainda encontramos cientistas que expõem com aprovação uma interpretação da natureza do método científico que muitos achariam aceitável na época em que se pensou pioneiramente em construir uma História que fosse científica, mas que, em 1991 como hoje em dia, a maioria dos cientistas e epistemólogos provavelmente diria ser arcaica, defasada, indefensável.

Se podemos, sem dificuldade, achar exemplos disso na área dos estudos cosmológicos, que dizer do pequeno mundo dos historiadores, tão pouco inclinado às discussões teórico-metodológicas e epistemológicas, tão mal preparado também, em geral, para elas? Não é segredo algum que muitos historiadores, mesmo se mantêm um namoro com atitudes "discursivistas" pós-modernas que negam qualquer cientificidade à sua disciplina, na prática, como diz o professor Francisco Falcon, relutam em dar o último passo que consistiria em aceitar que o seu objeto pessoal de pesquisa inexista. O antirrealismo do objeto pode estar fora de moda entre os pós-modernos, mas muitos historiadores, em última análise, por mais que citem com aprovação, às vezes, passagens derivadas de posturas assim, no fundo, quanto àquilo que pesquisam pessoalmente, acreditam (pelo menos de forma implícita) em sua realidade como objeto. Tais historiadores, com efeito, podem admirar e citar Hayden White, Frank P. Ankersmit ou Dominick LaCapra; ou, ainda, a Filosofia Analítica anglo-saxônica. Mas, mesmo quando pareçam aceitar pontos mais ou menos numerosos das argumentações "perspectivistas", relutam em abandonar o realismo no que diz respeito àquilo que querem estudar. O que não é de estranhar, já que Georg Iggers também apontou para a contradição existente nas afirmações críticas de autores que negam, num primeiro momento, poder a cultura ocidental apresentar qualquer unidade só para, a seguir, aceitarem acriticamente, sem qualquer comprovação, a existência e a consistência de outras culturas (muçulmana, de Báli, "camponesa" da Europa medieval ou moderna, etc.).

Apresenta ainda maior gravidade uma experiência comum a tantos professores universitários de teoria e metodologia da História: ao explicarem a importância das teorias e hipóteses no trabalho dos historiadores, não é raro que apareçam de imediato alunos para indagar – santa ingenuidade! – se, ao manejarem-se tais teorias e hipóteses, não se estariam "impondo de fora" elementos que entrariam em conflito com os dados "verdadeiros" que os documentos herdados do passado proporcionam... E não é só problema nosso, embora neste país talvez tal coisa seja mais comum. Em debate internacional de epistemologia da História de que participo correntemente num site da internet, há historiadores profissionais que, em 2010, defendem sem rubor o indutivismo radical e que o certo é "deixar com que falem as fontes"... E, no que tange a ensinar História nos cursos universitários, é sua opinião que os professores deveriam se limitar a expor "os fatos" – seja isto o que for! –, ou, pelo menos, deveriam expô-los e, a seguir, apresentarem "todas" as interpretações disponíveis a respeito desse fundamento do conhecimento histórico que julgam sólido, prévio e, ao que tudo indica, independente de quaisquer outras considerações.

Pelas razões indicadas, são bem-vindas no Brasil, por serem tão raras, as obras originais – isto é, que não sejam traduções de obras produzidas por autores de outros países, se bem que estas últimas, naturalmente, são bem-vindas também – que se refiram às posturas e aos debates que existiram e existem no que eu chamei antes de pequeno mundo dos historiadores. Entre estes estão desde a discussão de método que agitou na Alemanha os estudos históricos e sociais no final do século XIX, passando pela luta de intelectuais como Henri Berr, Marc Bloch e Lucien Febvre em favor de uma "História-problema" e contra uma História que se contentasse com a mera narração (História essa que, na verdade, nem mesmo é possível), também pela descoberta do marxismo pelos historiadores (um fato muito mais do século XX do que do XIX), até chegar às discussões estritamente nossas contemporâneas. É o caso deste livro do professor José Carlos Reis, e, por tal razão, ele deve ser lido com atenção pelos docentes e estudantes de História, bem como de Ciências Humanas e Sociais. Tal obra terá obtido sucesso se conseguir suscitar debates e controvérsias, já que se ocupa de um setor de estudos em que certas posições filosóficas de base vêm se digladiando, pelo menos, desde o século XVII, sem solução ou consenso à vista, por mais que, a cada reencarnação, apresentem roupagens renovadas e se apoiem em linguagem e corpo conceitual que pode variar. Independentemente de ser a História científica ou não – outro debate que parece sem fim –, a verdade é que os cientistas podem apostar na existência do mundo e da sociedade e em sua cognoscibilidade, isto é, podem praticar eventualmente o realismo ontológico e/ou o epistemológico, ou os filósofos e epistemólogos são livres para apostar no contrário. A ciência, mediante a sua prática ou os seus descobrimentos, não tem como "provar" que o mundo ou a realidade social externa ao indivíduo "existam" ou "não existam". O historiador polonês Witold Kula certa vez afirmou, referindo-se às teorias e como vêm a ser adotadas, que o gosto do pudim se conhece ao comê-lo. Mas os gostos variam...

INTRODUÇÃO

No século XIX, a consciência histórica emancipou-se do idealismo e substituiu-o pela "ciência" e pela "história". A "ciência da história", incipiente, tornou-se o centro da oposição ao Idealismo e uma força cultural orientadora (cf. Schnädelbach, 1984). Do século XVIII ao XIX, houvera uma radical mudança de perspectiva em relação à história: enquanto para Kant aquele que era cultivado historicamente permanecia na periferia da verdadeira cultura, no século XIX, após a criação da "história científica", passava-se exatamente o contrário: o cultivado historicamente é que era considerado "culto". Pós-kantiano e comtiano, o século XIX possui um a *priori*: a metafísica é uma impossibilidade; fora dos fatos apreendidos pela sensação, nada se pode conhecer. As filosofias da história racionalistas e metafísicas perdem suas sustentações metafísicas e, sem elas, não significam mais nada. A partir de então, só se quis conhecer as relações de causa e efeito, expressas de forma matemática. É a isso que chamavam "conhecimento positivo": "observar os fatos, constatar suas relações, servir-se delas para a ciência aplicada" (Lefebvre, 1971, p. 31).

Esse "espírito positivo", antimetafísico, passa a predominar entre os historiadores, e inicia-se uma luta contra a influência da filosofia da história sobre a "ciência da história".

O método histórico tornou-se guia e modelo das outras ciências humanas. Os historiadores adquirem prestígio intelectual e social, pois tinham finalmente estruturado seu conhecimento sobre bases empíricas positivas. Aqui se deu o nascimento de uma nova consciência histórica: a que enfatiza as "diferenças humanas no tempo". Em princípio, o historiador não quer fundir passado, presente e futuro: a história "científica" buscará diferenciar as duas dimensões "objetivas" do tempo, passado e presente, e tenderá a não profetizar sobre o futuro. Como conhecimento das "diferenças humanas", a história científica dará ênfase ao evento: irrepetível, singular, individual, com seu valor intrínseco, único.

Em relação às histórias mítica, teológica e filosófica, que fugiam do evento, considerado sem sentido se não referido ao arquétipo, a Deus ou à Utopia, a história "científica" parece assumir o evento, não temê-lo e até cultuá-lo. A irreversibilidade talvez não seja mais um problema, mas uma solução. O a-histórico, o substancial, o imutável das filosofias da história é inverificável e, portanto, não "científico". O objeto do historiador é o localizado e datado, o relativo a uma situação espaçotemporal, irrepetível, singular: o evento. Essa época da cultura histórica – da consciência da diferenciação das dimensões temporais – é considerada a época do historicismo.

> O historicismo, em seu sentido geral, pode ser caracterizado como uma posição que torna a história um princípio [...] ele existe como oposição ao pensamento a-histórico e procura introduzir a abordagem histórica em todos os campos da cultura (IGGERS, 1988, p. 19).

A época historicista é, portanto, de oposição às filosofias racionalistas, que consideram a realidade humana determinada por princípios essenciais, invariantes. Para os historicistas, não há um modelo imutável e supremo de razão humana. Assim como as filosofias da história tinham sido revolucionárias, pois inclinadas ao futuro, o historicismo é pós-revolucionário, fundamentalmente conservador, tradicionalista. A historicização da história, afirma Schnädelbach, significou a sua liberação de modelos de desenvolvimento, do progresso e da revolução, que eram prescritos pelo desenvolvimento da Razão a-histórica. A ideia de que a história era mera exemplificação de formas gerais do ser ou de leis de eterno retorno foi abandonada pelo princípio da individualidade histórica, irredutível a qualquer princípio absoluto. A história não será uma ciência de leis e essências, pois não há modelos supra-históricos dados a *priori* que garantiriam a racionalidade e a inteligibilidade do processo histórico efetivo. A Razão se reduz à história. A consciência histórica é finita, limitada, relativa a um momento histórico – o que levará ao ceticismo quanto à possibilidade de um conhecimento histórico objetivo, válido para todos. Não é um princípio supra-histórico que organiza o processo efetivo, mas sim a própria história que organiza o pensamento e a ação, os quais existem em uma "situação": um lugar e uma data – um evento.

O historicismo é a rejeição radical das filosofias da história iluminista e hegeliana: rejeição do sistema, da história universal, da Razão que governa o mundo, do progresso. As relações entre história e filosofia se invertem: é a filosofia que se revela histórica, é ela que se mostra influenciada e subordinada às suas condições históricas. A história não se submeteria a nenhum a *priori*; estes a *priori* é que possuem sua origem na historicidade e só podem ser pensados e explicados historicamente. A rejeição da subordinação da história à filosofia se assenta em uma nova atitude do historiador – a "positiva" – e em outra forma de tratar o seu material – através do método crítico de purificação das fontes. O conhecimento histórico não se assentará mais sobre elementos *a priori*; será um conhecimento a *posteriori*.

O princípio da observação constitui a distinção essencial entre a abordagem científica da história e a abordagem filosófica. Ao abandonar a influência da filosofia e pretender assumir uma forma científica, o conhecimento histórico aspira à "objetividade". A questão que se põe, então, não é a da universalidade ontológica da história-objeto, mas a da possibilidade de se chegar a uma universalidade epistemológica. A mudança é substancial: a questão da universalidade não pertence mais ao objeto, mas ao conhecimento. A história científica quer ser "objetiva", isto é, quer formular enunciados adequados ao seu objeto e que sejam válidos para todo tempo e lugar, como ela estimava que faziam as ciências naturais.

> Objetividade não significa imparcialidade, mas universalidade [...] uma lei física impõe-se a todos. Pode-se oferecer a mesma validade [...] a uma reconstituição histórica? (Aron, 1938, p. 9).

Eis a questão historicista fundamental em todas as versões do historicismo. Antes, a história efetiva tinha um curso racional e a narração histórica pretendia ter a racionalidade do processo mesmo. A humanidade, sujeito universal, tomava consciência de si através da narração histórica. Nessa época historicista, realiza-se um esforço de separação entre *faire l'histoire* e *faire de l'histoire*. Procura-se separar o sujeito do conhecimento – o historiador – do seu objeto, visando à "objetividade". O sujeito se afasta do objeto para vê-lo melhor, "tal como ele é". A história se torna mais empírica e distante de quaisquer *a priori* especulativos. Não se quer fazer como Hegel, igualar o presente eterno à capacidade do presente atual de reter o passado e antecipar o futuro. A filosofia abole a história quando nega a diferença entre o passado e o presente e reduz as diferenças históricas ao tempo presente do Espírito. A consciência histórica historicista nasce da compreensão dessa diferença e da renúncia de procurar a fórmula básica da história do mundo. A busca da objetividade conduz à convicção de que a história não pode ser produzida.

Ranke assume uma posição contemplativa que explicita mais fortemente o caráter conservador do historicismo. Para ele, a história do Espírito Objetivo é a de individualidades históricas, que devem ser apreendidas em sua "totalidade" – espírito do povo, espírito nacional, forças éticas, culturas, classes, indivíduos. O universal, aqui, é uma individualidade, uma unidade sintética, uma totalidade relativa, situada em um lugar e em uma data. As formas de tratar "esta totalidade singular" variarão entre as escolas.

Essa ambição da história científica, de se separar da filosofia da história, de aspirar à objetividade e de enfrentar a historicidade, tornou-se realidade? Existiu, de fato, essa história científica no século XIX, desvinculada de todo *a priori* e "absolutamente objetiva"? Veremos que a história científica não podia escapar a uma filosofia da história implícita. Os historiadores, mesmo procurando se diferenciar de Hegel e dos iluministas, estavam impregnados de filosofia da história. O historiador é incapaz de abordar o material histórico sem pressuposições; está impregnado, sem confessá-lo, de ideias filosóficas. O próprio Hegel já mostrava o caráter incontornavelmente subjetivista da história científica. A busca da objetividade através do método crítico, considerava Hegel, não tornava a história "crítica", "refletida", menos subjetiva: aquele conjunto de instrumentos era utilizado para sustentar pontos de vista gerais, que não nasciam do próprio material histórico, mas do pesquisador que interpretava e explicava o material (cf. HEGEL, 1945, p. 23 et seqs.). Ranke e Hegel, segundo Iggers, possuem algo em comum:

> A história é espírito, ou seja, um domínio da realidade que é em essência não-natureza, mas depende da liberdade, da ação que é capaz de se tornar consciente e uma individualidade

> criativa [...] Eles compartilham a concepção da história como "espírito objetivo". (1988, p. 20)

O que os afasta é a exigência de Ranke da "pesquisa histórica" para se conhecer circunstâncias históricas relativas, finitas, singulares, concretas, e não um princípio absoluto. A consciência histórica se reconhece finita, não pode apreender a história como um todo, mas somente como momentos finitos. Os "historiadores cientistas", antifilosóficos em suas declarações, na prática ocultavam a sua dependência das ideias e conceitos das filosofias da história. Digamos que, no século XIX, houve um esforço de rompimento com a filosofia, que obteve um resultado apenas parcial. Foram tentativas de constituição de uma "história objetiva", que por um lado obtiveram sucessos significativos, mas por outro não puderam vencer sua dependência em relação às formulações universalizantes dos filósofos. No século XX, entretanto, os *Annales* conseguiram afastar-se da influência metafísica da filosofia e optaram pelo apoio teórico das novas ciências sociais. Com aquela recusa e essa opção, o conhecimento histórico parece ter-se aproximado de um conhecimento "cientificamente conduzido".

Esse esforço de constituição de uma história científica, no século XIX, tomou três direções principais: a orientação rankiana, que quer aproximar a história do modelo científico da física; a orientação diltheyana, que quer descobrir o que há de específico no conhecimento histórico que o torne uma "ciência" diferenciada das ciências naturais; e a orientação marxista, que submete o conhecimento histórico-científico à sua relação com a realidade histórica, à práxis. São três projetos de história científica inteiramente diferentes entre si, mas que têm alguns pontos em comum: a recusa explícita da filosofia da história, a tentativa de dar um estatuto científico à história, o esforço de objetividade e a valorização do evento, percebido diferentemente por cada um. São posições historicistas no sentido amplo do termo, isto é, que recusam o absoluto da razão intemporal e a submetem às condições históricas objetivas. Trataremos de cada uma dessas orientações, procurando observar o que as separa das filosofias da história e o que as mantém ainda sob o seu domínio. Depois, mostraremos o esforço ainda mais radical dos *Annales* para afastar a história da filosofia e aproximá-la das ciências sociais, tornando-a uma das ciências sociais.

A ESCOLA METÓDICA, DITA "POSITIVISTA"

A Alemanha produziu a filosofia da história e seu antídoto: Hegel e Ranke são, respectivamente, os maiores representantes da filosofia da história e da história científica. Foi na Alemanha, a partir do início do século XIX, que se desenvolveu a crítica histórica, que utilizava o método erudito criado pelos franceses nos séculos XVI e XVII. Os representantes mais eminentes dessa mudança na produção histórica alemã foram L. Von Ranke e B. Niebuhr, que exercerão influência capital sobre a historiografia europeia no século XIX. Ranke possui uma obra vasta, consagrada aos séculos XVI e XVII. Erudito, baseava-se principalmente nos documentos diplomáticos para fazer a história do Estado e de suas relações exteriores, pois acreditava que as relações diplomáticas determinavam as iniciativas internas do Estado. Isso pode ser explicado pelas circunstâncias vividas pela Alemanha na época: o povo alemão lutava pela unidade nacional e, portanto, a guerra e a política exterior pareciam fundamentais. Ranke se interessava pela "originalidade" de um povo, de um indivíduo, pela psicologia individual dos grandes homens políticos. Era um conservador: nacionalista, interessava-se especialmente pelas questões dos Estados e defendia as posições da nobreza alemã; protestante, considerava que "cada povo é imediato a Deus" (cf. LEFEBVRE, 1971, p. 260 e seqs.). Filosoficamente, considerava que a história era conduzida pelas ideias e que o historiador deveria descobrir as forças espirituais de que a história era a realização. Um "hegeliano tímido", que escondia suas posições na "objetividade" do método histórico de crítica das fontes. "Ranke viu na história um argumento poderoso contra as mudanças revolucionárias e a favor de um crescimento gradual dentro de estruturas estabelecidas [...]" (IGGERS, 1988, p. 19).

A história, para Ranke, era o reino do Espírito, que se manifestava de forma individual. Era feita de "individualidades", cada uma dotada de estrutura interna e sentido únicos. Pessoas e grupos possuem as qualidades da individualidade, que podem ser apreendidas por meio de métodos hermenêuticos, através de suas manifestações no mundo dos sentidos. A significação dos eventos aparece parcialmente nesse mundo dos sentidos, daí a necessidade do rigor na análise das fontes. O historiador deve se concentrar nos eventos, expressões dessas individualidades apreendidas através das fontes. Para Iggers, o que evitou a dissolução da história em um conjunto fragmentado de individualidades foi a profunda crença em que se "a história não podia ter a unidade de um sistema filosófico", ela também não era "sem conexões internas" (1988, p. 19).

Há uma ligação entre individualidades particulares – os indivíduos – e individualidades coletivas – nações, épocas: uma harmonia, uma individualidade integral, que não é estática, mas trabalhada por "tendências" que lhe dão sentido. A função do historiador seria a de recuperar os eventos, suas interconexões e suas tendências através da documentação e fazer-lhes a narrativa. Essas tendências, esse trabalho da história, podiam ser vistos no Estado e em suas atividades – a história se limitaria a documentos escritos e oficiais de eventos políticos. Aqui, nessa ênfase ao Estado, sujeito histórico universal, aparece ainda, e claramente, a influência das filosofias da história. Ranke recusava-as, mas continuava a ser um historiador-filósofo. Sua resistência às filosofias da história se fundava em alguns princípios de método (cf. Bourdé; Martin, 1983, p. 164-5):

(a) o historiador não é juiz do passado, não deve instruir os contemporâneos, mas apenas dar conta do que realmente se passou;

(b) não há nenhuma interdependência entre o historiador, sujeito do conhecimento, e o seu objeto, os eventos históricos passados. O historiador seria capaz de escapar a todo condicionamento social, cultural, religioso, filosófico, etc. em sua relação com o objeto, procurando a "neutralidade";

(c) a história – *res gestæ* – existe em si, objetivamente, e se oferece através dos documentos;

(d) a tarefa do historiador consiste em reunir um número significativo de fatos, que são "substâncias" dadas através dos documentos "purificados", restituídos à sua autenticidade externa e interna;

(e) os fatos, extraídos dos documentos rigorosamente criticados, devem ser organizados em uma sequência cronológica, na ordem de uma narrativa; toda reflexão teórica é nociva, pois introduz a especulação filosófica, elementos a *priori* subjetivistas;

(f) a história-ciência pode atingir a objetividade e conhecer a verdade histórica objetiva, se o historiador observar as recomendações anteriores.

A história científica, portanto, seria produzida por um sujeito que se neutraliza enquanto sujeito para fazer aparecer o seu objeto. Ele evitará a construção de hipóteses, procurará manter a neutralidade axiológica e epistemológica, isto é, não julgará e não problematizará o real. Os fatos falam por si e o que pensa o historiador a seu respeito é irrelevante. Os fatos existem objetivamente, em si, brutos, e não poderiam ser recortados e construídos, mas sim apanhados em sua integridade, para se atingir a sua verdade objetiva, isto é, eles deverão aparecer "tais como são". Passivo, o sujeito se deixa possuir pelo seu objeto, sem construí-lo ou selecioná-lo. É uma consciência "recipiente", que recebe o objeto exterior em si, ou uma consciência "espelho", que reflete o fato tal como ele é, ou, ainda, uma consciência "plástica", que toma a forma dos objetos que se apresentam diante dela. Para obter esse resultado, o historiador deve se manter isento, imparcial, emocionalmente frio e não se deixar condicionar pelo seu ambiente sócio-político-cultural.

Acreditavam os ditos "positivistas", parece, que isso era possível. Acreditavam que, se adotassem uma atitude de distanciamento de seu objeto, sem manter relações de interdependência, obteriam um conhecimento histórico objetivo, um reflexo fiel dos fatos do passado, puro de toda distorção subjetiva. O historiador, para eles, narra fatos realmente acontecidos e tal como eles se passaram. Os fatos "narráveis" eram os eventos políticos, administrativos, diplomáticos, religiosos, considerados o centro do processo histórico, dos quais todas as outras atividades eram derivadas, em seu caráter factual: eventos únicos e irrepetíveis. O passado, desvinculado do presente, era a "área do historiador". Propunham uma história do passado pelo passado, dos eventos políticos passados, pela curiosidade de saber exata e detalhadamente como se passaram (cf. SCHAFF, 1971, p. 107-11).

A escola histórica científica alemã era resistente ao socialismo e recusava a crítica social como função legítima do historiador. Superestimava a eficácia do método crítico em seu esforço de objetividade, que escondia, na verdade, suas ideias filosóficas sobre a história. Na declaração de princípios, queriam fazer "ciência objetiva"; na prática, a narrativa histórica servia ao Espírito universal que se expressava no

Estado, na Religião e na Cultura. A Alemanha foi o primeiro centro de erudição e serviu de modelo aos outros.

Na origem da crítica histórica, estavam a filologia, a história das religiões e a crítica bíblica. Tais disciplinas lançaram as bases do método crítico histórico, que examinará manuscritos, textos, empregando as técnicas daquelas disciplinas, para chegar à autenticidade do documento. A primeira publicação de documentos pelos alemães foi em 1824 – o *Monumentæ Germanæ Historica* – e, em 1856, eles já tinham sua revista de história. Esse "espírito positivo" desenvolveu-se especialmente nos seminários da Universidade de Berlim (IGGERS, 1988).

A França é o segundo país onde essa história erudita se instalou. Desde 1821, a École des Chartes formava arquivistas, mas que não eram historiadores. Foi após 1870, e mais ainda a partir de 1876, com a fundação da *Révue Historique*, por Gabriel Monod, que o desenvolvimento da erudição se deu na França. O ensino universitário também teve participação essencial para a divulgação da história crítica: muitos mestres da época – Monod, Lavisse, Seignobos – haviam estudado na Alemanha e ensinavam na França a história científica alemã. Na época da chegada dessa historiografia à França, a tensão nacionalista entre alemães e franceses estava em seu auge. Febvre o revelará ferozmente, ao considerar a história "positivista" a história dos "vencidos de 70", a história da França humilhada e intimidada, produzida por derrotados, que teriam assumido a "inferioridade francesa" com relação aos vencedores alemães (1965, p. 41).

Os "positivistas" franceses praticarão os mesmos princípios defendidos por Ranke, mas traduzidos para o espírito francês. Se Ranke esconde Hegel, a filosofia da história implícita na historiografia metódica francesa será a iluminista. Não é o Espírito que produz a história, mas o povo-nação e os seus líderes instalados no Estado. O

Iluminismo que sustentará essa historiografia será aquele evolucionista, progressista, gradualista, antirrevolucionário, mas atualizado pela filosofia comtiana e seu "espírito positivo", bem como influenciado pelo evolucionismo darwiniano. Aqui, não se trata da temporalidade "sintética" de Hegel – um presente que preserva e supera o passado – mas da temporalidade evolutiva, cumulativa, da evolução gradual, irreversível, linear e infinita do progresso iluminista. A ação do Estado e dos grandes indivíduos não possui, como em Hegel, a opacidade da ação do Espírito, que usa os indivíduos sem revelar claramente suas intenções. O Estado-Nação e seus líderes, para os iluministas, são "esclarecidos", isto é, "sabem" o que fazem e sua ação, intencional, racional, realiza-se. O tempo da historiografia francesa "positivista" é, portanto, iluminista: progressivo, linear, evolutivo em direção à sociedade moral, igual, fraterna. Explicitamente, eles negam esse seu "fundo filosófico", mas ele estará presente em suas obras históricas, mantendo-as mesmo de pé, sem que os autores o admitam e confessem. O século XIX é tão metafísico como Comte pode sê-lo: sob o discurso positivo, cientificista, há uma compreensão total da marcha da humanidade, uma metafísica, uma filosofia da história.

A história científica alemã conta, na França, com dois "tradutores" principais: a *Révue Historique* e os manuais de metodologia da história, dos quais o mais reconhecido e difundido foi o de Ch. Langlois e Ch. Seignobos, *Introduction aux études historiques*, de 1898. Além desses "tradutores", havia também as universidades e outras instituições de pesquisa, catalogação e edição de documentos.

A centenária *Révue Historique* ainda está em circulação, embora, a partir das críticas ferozes da escola dos *Annales*, tenha renovado, não sem relutância, sua linha original. Criada em 1876 por G. Monod e G. Fagniez, a *Révue Historique* praticamente fundou a história científica na França. Pretendia dedicar-se à história da Europa desde a morte de Théodose (395) até a queda de Napoleão I (1815) e contava com 53 fundadores, entre professores do Collège de France, da École Pratique des Hautes Études e de várias faculdades de letras, mais arquivistas e bibliotecários. Entre os fundadores, duas gerações coexistem: a dos "antigos", com Duduy, Renan, Taine, Fustel de Coulanges, e a dos "jovens", com Monod, Lavisse, Seignobos, G. Fagniez (cf. CARBONELL; LIVET, 1983, p. 135-7). Em princípio, a revista não postulava nenhuma religião, doutrina ou partido, mas em geral publicava autores protestantes, judeus, livre-pensadores e franco-maçons, todos republicanos, que combatiam os católicos, os monarquistas e os aristocratas agrupados em *La Révue des Questions Historiques*. Explicitamente, a Révue Historique pretendia representar o coroamento da tradição humanista renascentista e da erudição dos beneditinos de Saint-Maur. Mas Monod reconhece – em pleno pós-derrota – a influência de historiadores alemães – Boeck, Niebuhr, Mommsen, Savigny, Ranke, Waitz, Gervinus – sobre os historiadores franceses e as publicações de documentos alemãs estão na base da história científica francesa (BOURDÉ; MARTIN, 1983, p. 164-5).

A *Révue Historique* se declarava neutra, imparcial, devotada à ciência positiva, fechada às teorias políticas e filosóficas. Na prática, defendia a República, combatia a Igreja Católica e, apesar de copiar os alemães, era nacionalista. Os "positivistas" da *Révue Historique* passaram a controlar todas as instituições históricas francesas: universidades, arquivos, bibliotecas, museus, que conheceram um crescimento considerável. O Estado francês criou arquivos públicos unificados e enviou comissões de historiadores para diversas regiões do mundo, a fim de coletar os documentos que interessavam diretamente à história da França e à historiografia em geral.

A história se liberou da literatura e era ensinada de forma autônoma na universidade francesa, seguindo o modelo das faculdades alemãs. "Método" tornou-se a palavra-chave, e o que distinguia a história da literatura. A história se profissionalizou definitivamente – numerosas cadeiras na universidade, sociedades científicas, coleções de documentos, revistas, manuais, publicação de textos históricos, um público culto comprador de livros históricos.

Todavia o formulador-divulgador do método histórico "positivista" alemão na França foi o manual de Langlois e Seignobos, já citado. Na origem desse manual, está outro alemão, E. Bernheim. Os autores franceses consideravam-no excessivamente especializado, compreensível apenas para iniciados, e pretenderam fazer dele um sumário, um esboço o mais claro e mais técnico possível, para esclarecer o público de história, os estudantes, e para fazer pensar os historiadores de profissão. A obra é precedida por uma "Advertência" sobre o que ela não pretendia ser: mais uma obra de filosofia da história. As reflexões sobre a história produzidas por pensadores que não eram historiadores de profissão, que procuram "semelhanças", "leis de desenvolvimento" da humanidade, são apresentadas como construções abstratas, que inspiram uma desconfiança a priori. O que eles pretendiam:

> Propomos-nos a examinar as condições e os procedimentos e indicar o caráter e os limites do conhecimento histórico. Como chegamos a saber do passado o que é possível e o que importa saber? O que é um documento? Como tratar os documentos com vistas à obra histórica? Que são os fatos históricos? E como agrupá-los para construir a obra histórica? Um ensaio sobre o método das ciências históricas. (Langlois e Seignobos, 1898, p. vi-vii)

Esse manual definirá o espírito que anima a pesquisa histórica de então: o "espírito positivo", antimetafísico. O método histórico, que é detalhadamente exposto, possui três momentos principais: (a) a heurística, a pesquisa dos documentos, sua localização; (b) as operações analíticas: as críticas externa e interna (de restituição, proveniência e classificação; de interpretação, sinceridade, exatidão); (c) as operações sintéticas: a construção histórica, o agrupamento dos fatos, a exposição, a escrita histórica. A história contará com certo número de ciências auxiliares: epigrafia, paleografia, diplomática, filologia, história literária, arqueologia, numismática, heráldica... Dependendo do ramo da história em que o historiador se especializar, ele deverá conhecer algumas dessas ciências e técnicas.

Pode-se qualificar como traços do "espírito positivo" dessa obra: o apego ao documento (*pas de document, pas d'histoire*), o esforço obsessivo em separar o falso do verdadeiro; o medo de se enganar sobre as fontes; a dúvida metódica, que muitas vezes se toma sistemática e impede a interpretação; o culto do fato histórico, que é dado, "bruto", nos documentos. Esse "espírito positivo" foi expresso, na obra, de diversas formas:

> Raciocinamos a partir de certos dados positivos (p. 32); substituir, na aprendizagem do historiador, o estudo dos grandes modelos literários e filosóficos pelo dos conhecimentos positivos, verdadeiramente auxiliares das pesquisas históricas, é um grande progresso de data recente (p. 37); neste último estágio, o documento é levado a um ponto em que se assemelha a uma das operações científicas pelas quais se constitui uma ciência objetiva: ele se torna uma observação e pode ser tratado segundo os métodos das ciências positivas (p. 47); sem erudição não há história (p. 90); e a crítica positiva de interpretação [...] (p. 119); a história, para se constituir como ciência (p. 228); as formas científicas da história. (p. 263)

O desejo de constituir a história sob bases científicas, positivas, expressa-se, portanto, na ênfase ao dado, ao evento, no cultivo à dúvida, à observação, à erudição e na recusa dos modelos literários e metafísicos. Esse manual, que formará gerações de historiadores, exprime com exatidão o ponto de vista da "história metódica", que dominou a produção histórica francesa de 1880 a 1945. O "espírito positivo" vai se concretizar na obra de grandes historiadores, como Fustel de Coulanges, Taine, Renan. Serão historiadores menos intuitivos do que os da escola romântica, porém mais seguros, mais especialistas do método crítico.

Fustel de Coulanges, considerado o primeiro dos historiadores franceses a realizar uma obra histórica plenamente "científica" (cf. EHRARD; PALMADE, 1965, p. 76 e seqs.), sustentava que a história era "ciência pura" e não arte. Dizia-se seguidor de Descartes: só acreditava no demonstrado e documentado. Era um racionalista, cultivador da dúvida metódica. Recusava a prevalência de predecessores e autoridades sobre os documentos e o método crítico. Segundo Lefebvre, Fustel de Coulanges é um "positivista", "pois excluiu da história toda especulação, toda intenção pragmática [...] ele não tem uma filosofia da história" (1971, p. 217). Não é "positivo" no sentido de Comte, pois não fala de leis da história e não procura o seu sentido – pelo menos, não explicitamente. Seu método positivo não exclui a hipótese, desde que essa surja das fontes históricas criticamente constatadas. *La cité antique*, sua obra mais importante, sustenta uma tese: na origem das crenças religiosas, está o culto dos antepassados. É a religião dos mortos que engendrou a família e a propriedade, que constituiu a Cidade Antiga; o que inaugurou a "Cidade Nova" foi o Cristianismo, que destruiu a religião da família e a Cidade Antiga.

Fustel é uma espécie de antiMichelet. Michelet, o historiador maior do romantismo, atribuía o conhecimento histórico à intuição poética – era um "irracionalista", obcecado pelo desejo de entrar em contato com os mortos, de "ressuscitar o passado", do qual construiu um quadro imaginativo, poético, intuitivo, total e vivo. A história "metódica" reagirá a essa história arte-intuição e Fustel será o exemplo maior dessa mudança. Aqui, o historiador quer mais segurança e menos ambição. Quer ver os "fatos" e não a sua própria ideia deles; enquanto "ciência", a história

> [...] consiste, como todas as ciências, em constatar os fatos, em analisá-los, em aproximá-los, em estabelecer relações [...] o melhor dos historiadores é aquele que se mantém o mais próximo possível dos textos e que os interpreta com a máxima justeza, que só escreve e só pensa segundo eles.

São palavras do próprio Fustel (ef. EHRARD; PALMADE, 1965, p. 78-9). Ele é dogmático, enfim: a história é capaz de atingir a verdade objetiva. Olhado a distância, o passado pode ser visto com clareza, sem medo e sem pressa.

Ehrard e Palmade (1965, p. 78-9) procuraram sintetizar em algumas ideias o "espírito positivo" desses historiadores da escola metódica: mantinham-se na superfície dos eventos históricos, cuja "profundidade" consideravam incognoscível; consideravam o fato histórico como um dado objetivo, que seria suficiente extrair dos documentos criticados e reconstituídos; passivo, o historiador "fotografaria" ou "gravaria" os grandes eventos políticos e desprezaria as outras dimensões do social; a história se isola das ciências humanas, quer-se livre da filosofia, mas tomada por determinados *a priori* subjetivistas não explicitados.

Hoje já se diz que uma tal caracterização da história "positivista", "historicizante", "metódica", etc. é uma "caricatura", pois uma história assim jamais existiu em parte alguma. Após as críticas contundentes da escola dos *Annales*, que transformavam os "positivistas" em portadores de uma anti-história, e os congelavam em uma descrição caricatural, já se faz o resgate desses historiadores. Carbonell, em um artigo publicado na revista *Romantisme*, com o titulo "L'histoire dite positiviste en France", de 1978, questiona a tradição antipositivista dos *Annales*. Ele inicia seu artigo com uma interrogação provocadora: teria havido uma escola positivista na França, na segunda metade do século XIX e princípio do século? Considerar Fustel de Coulanges, G. Monod, E. Lavisse, Langlois, Seignobos e Taine como positivistas seria legítimo? Eles próprios não reivindicavam esse rótulo, nem se apresentavam sob ele. A hipótese de Carbonell mostra-se ainda mais provocadora do que sua questão: para ele, a corrente dita "positivista" pós-1876, na França, jamais existiu. Aqueles historiadores não se baseavam em nenhum filósofo – nem Kant, nem Hegel, nem Herder, nem mesmo Comte. Eram contra a pesquisa histórica conduzida por ideias gerais. Defendiam uma pesquisa desinteressada e científica. Combatiam católicos e monarquistas e por estes eram tachados de liberais, racionalistas, protestantes, mas jamais de positivistas ou comtistas.

A história positivista verdadeira, segundo Carbonell, seria representada pela obra de Louis Bordeau, que é uma figura isolada. Discípulo de Comte, embora heterodoxo, sua obra *L'histoire et les historiens, essai critique sur l'histoire considerée comme science positive* é anterior e contrária ao manual de Seignobos e Langlois. Bordeau visa enunciar uma lei de evolução lenta e contínua da humanidade, rejeitando toda descontinuidade, ruptura, emergência. A história-ciência estabeleceria leis – de ordem, de relação, de evolução – com as quais o historiador poderia conhecer o passado e prever o futuro. Essa, sim, seria uma história positivista, comtista. Bordeau se irrita com a falta de leis históricas nos historiadores ditos "positivistas", que narravam fatos sem um fio condutor.

Pode-se ainda considerar positivistas os ditos positivistas? Conclui Carbonell: os historiadores franceses do início do século XX não são positivistas no sentido estrito, comtiano, do conceito; podem ser considerados, talvez, como historiadores "positivos", isto é, apoiam-se em fatos, na experiência, em noções *a posteriori*; temem a não objetividade e tendem ao concreto, evitando a especulação; têm uma visão otimista, progressista da história. Haveria convergências parciais com o positivismo comtiano: combate ao providencialismo, à metafísica, à filosofia da história. Mas, termina Carbonell, Seignobos e Langlois são antípodas de Comte: as leis históricas são banidas e o verdadeiro historiador procura saber como as coisas realmente se passaram.

Portanto, para Carbonell, esses historiadores faziam uma história "positiva" e não "positivista". Mas o que faria a distinção verdadeira entre essas duas palavras? O que quer dizer exatamente "positivo"? Revel e Chartier (1979) oferecerão algumas pistas para uma resposta a essa questão. Para eles, o caráter positivo dessa historiografia estaria nos três elementos que a constituem:

(a) o seu "modelo de conhecimento objetivo", as ciências naturais. Querendo reduzir a distância que a separa das ciências naturais, a história realiza apenas metade do caminho: nas ciências naturais, o observador tem um conhecimento direto de seu objeto, enquanto o historiador só tem os vestígios do seu. A operação da crítica histórica consistia em fazer passar do vestígio ao fato em si; portanto, em criar as condições de uma relação direta entre o historiador e os eventos. Assim, o historiador conseguia, ou assim acreditava, resgatar, pelo método crítico, as condições iniciais do trabalho das ciências naturais – e parava aí, quando o conhecimento "positivo" nas ciências naturais começa a partir daí, da relação direta entre observador e objeto;

(b) o seu "ideal de conhecimento verdadeiro": o da objetividade "absoluta", conquistada pela imparcialidade, pela ausência de paixões ou de quaisquer *a priori* e pela extração do fato "em si", contido no real; o historiador não constrói o seu fato, ele o encontra já nos documentos;

(c) a sua "herança": a crítica textual e a sua exigência de rigor, de dúvida, de certeza, de verdade. Esses três elementos, para Chartier e Revel, teriam como resultado um conhecimento considerado "positivo": uma imagem a mais próxima possível daquela que teria dado a observação direta do fato passado.

O objetivo dos "positivistas", parece-nos, pode ser comparado ao da organização de um museu, embora o conceito de museu, talvez, seja mais complexo. No museu, os objetos de valor histórico são resgatados, recuperados e expostos à visitação pública, com uma ficha com seus dados ao lado, e o observador posta-se diante de uma "coisa que fala por si". O observador mantém uma relação direta com um objeto-coisa, definitivamente reconstituído. Assim, também, procederia o historiador metódico – através dos documentos, reconstituiria descritivamente, "tal como se passou", o fato do passado, que, uma vez reconstituído, se tornaria uma "coisa-aí, que fala por si". Ao historiador não competiria o trabalho da problematização, da construção de hipóteses, da reabertura do passado e da releitura de seus fatos. Ele reconstituiria o passado minuciosamente, por uma descrição definitiva. Tratados dessa maneira, os fatos históricos se tornariam verdadeiros seres, substâncias, objetos que se pode admirar do exterior, copiar, contemplar, imitar, mas jamais desmontar, remontar, alterar, reinterpretar, rever, problematizar, reabrir. Uma vez "estabelecidos" os fatos passados, a não ser que aparecessem novos documentos que alterassem sua descrição, tornando-a mais "verdadeira", eles seriam uma "coisa que fala por si". Claro que esse projeto é impraticável plenamente, e sustentar que há obras históricas que o realizaram é "caricaturar" a produção histórica "positivista". Entretanto, tal projeto foi uma "orientação" da pesquisa histórica que, se não o realizou inteiramente, pois impossível, se deixou conduzir por seus princípios e objetivos.

Quanto às duas primeiras intenções declaradas, rejeição da filosofia da história e busca da objetividade, a historiografia positivista (talvez fosse melhor defini-la como "metódica", por se apoiar em e superestimar o seu "método crítico") revelou-se bem sucedida apenas em parte: seu "espírito positivo" só pôde prevenir o historiador dos perigos dos *a priori* e subjetivismos, e seu método crítico, embora eficiente tecnicamente, era usado para legitimar os pontos de vista, não explicitados, do historiador.

E quanto à terceira declaração de intenções, a da aceitação dos eventos e das diferenças temporais? A julgar pelas declarações, aparentemente a historiografia dita positivista deixou para trás todas as formas de evasão da história e assumiu o evento, em sua singularidade e irrepetibilidade. A transcendência do presente mítico, o absoluto da fé e do Espírito-Liberdade parecem ter sido definitivamente abolidos da perspectiva histórica, que se quer mergulhada na temporalidade "acontecimental", descontínua, dispersiva. Entretanto, parece-nos, essa é a forma mais desesperada de fuga da história, que é tentada por todos os meios já conhecidos e cria outro meio – o do esforço de "objetividade científica". Mito, fé, utopia e objetividade, todos os meios possíveis para se recusar a experiência vivida da história foram utilizados.

Nora (1974) parece intuir a contradição maior dessa história científica, cultuadora do evento. Para ele, o que caracteriza nossa época, a partir do final do século XIX, é a produção vertiginosa de eventos: guerras mundiais, revoluções, rapidez das comunicações, penetração das economias modernas nas tradicionais, mobilização de massas, imperialismo, descolonização. Essa circulação intensa e generalizada da percepção histórica culmina em um evento novo: a produção vertiginosa de eventos e o culto do evento. Nessa fase transbordante de acontecimentos – que se inicia entre 1870 e 1914 –, uma geração de historiadores constituiu uma história científica que tem como princípio a ênfase no evento passado, separado do presente. O evento só entra para a história se já "morreu". Os positivistas tomam emprestado ao seu presente o principal de seus elementos – o evento – para dar-lhe validade somente em um passado inofensivo. Dá-se a recusa do evento presente pelo culto do evento passado. Além de ser passado (o que não significa que ele seja "morto", pelo contrário), a intervenção historiográfica o domina, controla, desvitaliza, subinterpreta, esquematiza e "arquiva": tem-se, então, a lembrança de uma coisa endurecida, desvitalizada, sem qualquer efeito explosivo no presente. Afirma Nora: "À condição de que o presente, dominado pela tirania do evento, fosse impedido de habitar a história, era claro que a história seria construída sobre o evento" (1974, p. 211-2).

Dos eventos passados, o historiador tornou-se proprietário; é privilégio de sua função determinar-lhes o lugar, o valor, e nenhum deles entra para a história sem o seu apoio. O evento passado é o oposto do evento presente – este é emergência, novidade, revolução, transtorno; aquele, uma petrificação do vivido. Temendo o caráter incontrolável do evento contemporâneo, do qual não se conhecem as consequências, os ditos positivistas escapavam do evento presente e de seu caráter explosivo pelo culto do evento passado, embalsamando-o e "arquivando-o"; sugerindo, talvez, o que propunham se fizesse com os eventos do presente. Assim se constitui a estratégia objetivista de evasão da história: o historiador procura se separar de seu objeto, o vivido humano. Distanciando-se, o sujeito se retira do evento e o observa do exterior, como se o evento não o afetasse, como se fosse uma "coisa-aí" sem qualquer relação com o seu próprio vivido. A narração histórica separa-se do vivido e se refere a ele "objetivamente", narrando-o e descrevendo-o do exterior. Trata-se de uma "racionalização" da tensão, da ameaça da dispersão, da fragmentação do vivido.

Esses historiadores realizam também, além da "fuga objetivista", uma evasão mítica. Para Langlois e Seignobos, o historiador tem por vocação a de educador cívico. O valor da história é sobretudo pedagógico, o método crítico combate a credulidade e a submissão à autoridade. Os eventos passados são instrumentos da educação cívica. É o fato histórico exemplar, único, irredutível à comparação, estabelecido pelos documentos, que cativa o aluno e o situa na evolução da nação, dando-lhe a noção de uma mudança progressiva rumo à "democracia" e inspirando-lhe o temor às mudanças bruscas (cf. CARBONELL; LIVET, 1983, p. 84-8). Na educação cívica, os fatos históricos e os grandes homens são cuidadosamente reconstituídos e embalsamados para a instrução da juventude. Faz-se uma "história comemorativa", que legitima os rituais cívicos. Nesses rituais, realizados nas datas (dia e mês) que coincidem com as do evento passado, quando os grandes heróis produziram os seus grandes feitos, procura-se a coincidência do "atual com o eterno", em um presente intenso.

Produzem também, estes historiadores, a evasão pela utopia: os grandes eventos são feitos por "grandes sujeitos", que atuam na direção da história, favorecendo o desenvolvimento da nação e a realização da "democracia". Tais eventos só podem ser compreendidos e "valorizados" quando inseridos em uma "continuidade" histórica, que aponta para determinado sentido da história. O futuro e o final utópico é que dão aos eventos presentes e passados seu sentido e sua realidade.

E, finalmente, há a evasão pela fé: os membros protestantes do grupo mantêm o ensinamento rankiano: cada povo é imediato a Deus. O evento é divinizado pela introdução nele da presença de Deus, da Sua vontade. O evento é o diálogo íntimo, individual e incomparável de cada povo e de cada indivíduo com Deus. Esses historiadores parecem, portanto, fugir do presente vivido em todas as direções: para um passado mítico, para um passado "objetivo", para um futuro livre, para um presente divinizado. Dissimuladamente, inconfessadamente. Caso se possa arriscar uma hipótese, eles parecem representar a consciência da burguesia, que, tendo realizado o evento revolucionário, teme ser vítima de seu próprio gesto e procura ocultá-lo e ocultar-se dos olhos de seus possíveis algozes, ao mesmo tempo que se lembra e orgulha de seu feito. A um só tempo quer permanecer no momento de glória da criação de seu mundo e teme perdê-lo, vítima do próprio gesto que o criou.

O HISTORICISMO:
ARON *VERSUS* DILTHEY

No século XIX, portanto, o fato epistemológico capital foi o naufrágio da filosofia da história e o avanço das ciências humanas. Não se acredita mais no idealismo clássico e em seu Espírito absoluto. A filosofia tradicional da história termina no sistema hegeliano; a filosofia moderna da história começa com a recusa do hegelianismo. A expressão "crítica da Razão histórica" resgatou Kant contra Hegel. Dilthey, que a propôs como subtítulo à sua *Introdução às ciências do Espírito*, de 1883, estava convencido de que o único caminho ainda aberto para a filosofia da história era a crítica kantiana. A filosofia da história torna-se epistemologia da história: as questões sobre as condições de possibilidade do conhecimento histórico substituem as questões sobre o "ser" da história. Não se quer mais conhecer os segredos do devir humano; renunciou-se a atingir o sentido último da evolução.

A filosofia crítica da história coloca à história as questões postas por Kant à física newtoniana, visando à descoberta do caráter específico do conhecimento histórico, ao contrário do projeto francês de Comte, que pretendia aproximar as ciências humanas do modelo único e definitivo de ciência, a física. O projeto dessa filosofia crítica da história é prosseguir a obra kantiana, que deixara de lado as ciências humanas. Estas esperavam ainda o seu Kant – e apareceram vários candidatos à posição. Emerge na Alemanha, na segunda metade do século XIX e início do XX, um grupo de pensadores heterogêneos, mas que refletiram sobre a mesma questão: o problema da originalidade do conhecimento nas ciências humanas. Mantiveram uma luta em duas frentes: contra o "sistema filosófico" hegeliano e contra a pretensão de validade universal postulada pela metodologia das ciências naturais. O resultado foi uma reflexão vigorosa sobre as ciências humanas, que obteve importante repercussão posterior.

Dilthey problematiza Ranke: se para este a "objetividade do conhecimento histórico era considerada possível, realizável, através do método erudito, do apego aos fatos "objetivos", para aquele é exatamente esse otimismo objetivista que põe problemas. Ranke reivindicava o caráter científico de sua história objetiva baseado no rigor de uma metodologia. Entretanto, essa metodologia levou à formulação de questões epistemológicas – o método crítico bastaria para garantir um conhecimento objetivo? É possível um conhecimento histórico objetivo? Se é, quais seriam as regras a serem respeitadas? Assim, o problema da objetividade deixa de ser tecnológico e passa a ser filosófico. A filosofia retorna à história, mas de forma kantiana. A filosofia crítica da história tentará superar os complexos problemas epistemológicos que o conhecimento histórico põe. Seu objetivo é estabelecer um conjunto de critérios que singularize o conhecimento histórico, tornando-o independente dos modelos de objetividade da física e afastando-o da filosofia especulativa. Esse é o projeto da filosofia crítica da história. Ela deverá ou se subordinar à crítica kantiana, ou subordiná-la, ou se coordenar a ela. Dilthey é ambicioso: quer subordinar a crítica kantiana à crítica da razão histórica; a crítica de Rickert é mais metodológica e se subordina à de Kant; Simmel evita substituir ou completar Kant e procura coordenar-se com a sua crítica da Razão Pura. Weber, prosseguindo a pesquisa de Rickert, refletirá sobre os limites da objetividade histórica e sua pergunta será: quais as partes dessa ciência que são independentes da perspectiva e da vontade do historiador e que, portanto, são universais, valem para todos? (cf. Schnädelbach, 1984, e Freund, 1973; Reis, 2003a e b).

A análise diltheyana se dirige à diversidade concreta das individualidades totais. O "método" para a apreensão dessas individualidades é a "experiência integral", que começa pela descrição exterior, segue pela busca das articulações internas, pela sua decomposição em partes, e por fim chega à reatualização, à revivência intuitiva, à recriação da "vida" dessas individualidades. Essa é a tarefa das ciências humanas e do espírito. Seu esforço tem um aspecto positivista, segundo Freund, pois foi em nome do positivismo científico que Dilthey acreditou no caráter heterogêneo entre as ciências naturais e as ciências do espírito. A crítica da Razão Histórica rompe com o naturalismo e, ainda em nome da ciência, propõe a autonomia das ciências humanas. A argumentação usada por Dilthey para estabelecer essa autonomia das ciências humanas remonta a Vico. Suas teses são: (a) o homem não criou a natureza, mas criou o mundo social, o direito, a cultura; (b) só se pode conhecer o que se criou, pois, então, o conhecimento atravessa as aparências e atinge o "interior" de seu objeto; a natureza é descrita a partir do exterior, o homem não sabe o que ela é, não pode "compreendê-la"; (c) a metodologia das ciências naturais, usada para estudar o que é totalmente exterior ao homem, pode apenas "descrever", nunca "penetrar" seu objeto; não poderia ser usada para o conhecimento das criações do espírito, para o mundo humano interior, a experiência vivida, pois este é singular, individual, disperso em desenvolvimentos particulares, não abstraível em fórmulas universais (cf. Dilthey, 1988, p. 41 e seqs.).

O objeto das ciências naturais não produz sentido, não tem intenções e não realiza ações. Não é sujeito. Como se poderia conhecer um objeto-sujeito com o método das ciências naturais? Esse objeto que dialoga com o sujeito que quer conhecê-lo, que oferece informações e reflexões originais, que é imerso na temporalidade, na mudança, exigiria uma abordagem específica. Não pode ser conhecido como se conhece a natureza, por uma descrição exterior. A estratégia apontada por Dilthey para abordá-lo pelo "interior" é a da "compreensão" (*Verstehen*). A observação e a experimentação, típicas das ciências naturais, permanecem na exterioridade de seu objeto; a "compreensão" é a tentativa de "coincidência" estrutural com a vida psíquica, que é seu objeto. Estabelece-se, pela compreensão, não uma distância entre sujeito e objeto, como na orientação positivista, mas uma "aproximação íntima", uma "confiança recíproca" (cf. Dilthey, 1988, p. 77 e seqs.).

O sujeito do conhecimento começa pelos sinais exteriores, pela sensação, continua pelo método crítico das fontes e dos vestígios e vai até a "ocupação" do lugar do outro, em seu "interior". Pondo-se no lugar do outro, o historiador o "compreende": recria, reatualiza, revive a experiência vivida pelo outro – conhece-o por "dentro". O resultado dessa relação é ainda racional e discursivo – uma narração –, mas a obtenção da informação se dá por meio da "intuição", informada pelo estudo das fontes. Dilthey foi um dos criadores do método hermenêutico, um método "poético-científico" de reconstrução do vivido que consiste em descobrir significações nos sinais exteriores, na interpretação de palavras, gestos e obras, em sua singularidade original (Freund, 1973). É um método que utiliza algumas técnicas e algumas regras de interpretação, porém em essência depende do talento e da sensibilidade do exegeta.

Dilthey foi mais admirado do que seguido, entre os historiadores. Seu método resultava mais de seu talento singular do que de algo comunicável e executável pela maioria (cf. SCHNÄDELBACH, 1984, p. 51 e seqs.). Como ensinar alguém a "reviver" o passado em sua "integralidade"? Sua "filosofia de vida" é irracionalista e a obra histórica torna-se arte. A abordagem do vivido só poderia ser intuitiva, empática, compreensiva. Seu modelo de história é a biografia: ele começa pelo indivíduo e não pelo grupo, e quando aborda o grupo transforma-o em um indivíduo (cf. IGGERS, 1988, p. 27-30). Para Dilthey o indivíduo é a unidade concreta, real, é uma "duração psicológica". A consciência individual é devir, não se repete, é incessante novidade. O presente vivido constitui-se em um complexo de emoções, sentimentos e vontades: uma unidade na diversidade. A individualidade, que é o objeto do historiador, é uma "totalidade singular", dotada de uma finalidade imanente que centraliza a pluralidade das partes que a constituem. É uma "estrutura" que reúne a experiência vivida passada e presente e tem como centro a "consciência de si". Essa "estrutura vital", que constitui uma individualidade, centrada na consciência de si, visa à "felicidade" dessa consciência. Seus movimentos internos têm uma direção particular: a realização de suas "tendências" imanentes. Essa finalidade não lhe vem, portanto, do exterior, como transcendente, metafísica: é centramento em si da estrutura vital, pela sua adequação ao meio. O passado retido no presente, o presente totalizando o passado; o indivíduo é uma totalidade que evolui internamente, realizando suas tendências imanentes.

Assim, a história de um indivíduo, de um povo ou de uma nação é uma multiplicidade coerente, e os eventos dispersos possuem um fio condutor que não corresponde ao tempo da profecia nem ao da utopia, mas ao tempo singular da individualidade total histórica. Essa individualidade possui uma estrutura e uma evolução. Sua evolução, limitada pela estrutura, é a realização de suas tendências internas e, ao mesmo tempo, uma "vitalidade": criação constante, imprevisibilidade. Cada instante possui um valor insubstituível em si mesmo. Aron afirma: "a vida não tem outro objetivo que ela mesma: assim, o objetivo é realizado em todos os instantes da história" (1938, p. 23).

A evolução de uma individualidade histórica é uma continuidade feita de descontinuidades. A vida é uma "estrutura" (continuidade) "criadora" (descontinuidade). A partir do conhecimento da estrutura não se pode antecipar o vivido, que é sempre inovador. Imaginamos a metáfora do jogo, embora ela tenha hoje se desgastado ao ser aplicada a muitas situações diferentes. Pensemos em um jogo: suas regras estão dadas anteriormente, a estrutura que o identifica é conhecida antes e independe da sua realização. Mas, iniciado o jogo, que é a "animação" das regras, ou a "vivência" desse conjunto total de princípios, o aspecto criador dessa vivência e animação ultrapassa a possibilidade de previsão do resultado. É preciso acompanhar o jogo com paixão, instante por instante, pois cada instante é singular e significativo para, depois de encerrado o jogo e só então – pois é dado pela estrutura que o jogo "acaba em um determinado momento", é finito –, saber o que aconteceu. Assim, a realização da vida não encontra seu sentido e sua realidade dados pelo futuro, mas cada instante tem em si seu fim e possui uma significação para a evolução total da estrutura. A parte é já o todo e ao mesmo tempo parte de um todo. Para voltar à metáfora anterior: a jogada é já "todo" um valor e, ao mesmo tempo, constituinte de um todo maior, que é uma partida.

Essa "nova filosofia da história" quer conhecer o homem através de seu passado e de suas obras. Ela é a própria "ciência histórica", que não se reduz mais ao método crítico; porém o inclui e aprimora, e não confia de maneira cega e inocente em seu poder de revelar "objetivamente" a história. Essa "ciência histórica", filosófica, é "consciência histórica": é o meio pelo qual as sociedades particulares e os indivíduos se situam e se descobrem, "se compreendem". A consciência histórica integra, concentra, os diversos tempos vividos da individualidade – não em uma totalidade universal, ou em uma evolução infinita, mas em sua "totalidade singular". O homem jamais encontraria a fórmula conceitual fundamental da totalidade do universo, pois a vida é inesgotável devir. Às pretensões desmedidas da filosofia da história tradicional a nova filosofia da história opõe o rigor da pesquisa histórica sobre objetos finitos, limitados no tempo e no espaço: uma individualidade viva, uma totalidade psíquica singular, que é ao mesmo tempo objeto e sujeito. É um sujeito capaz de objetivar-se e tomar consciência de si, compreender-se enquanto uma totalidade singular. Um indivíduo, no seu presente, retoma o seu "outro" passado, procurando a consciência de si, conhecendo sua estrutura permanente e as evoluções que viveu (COLLINGWOOD, 1978).

Uma sociedade presente retoma o seu "outro" passado, visando também, como o indivíduo, essa consciência de si, a consciência de sua estrutura específica, que a diferencia das outras, e das mudanças que viveu. As totalidades vivas singulares – indivíduos, povos, nações – mudam segundo sua ordem particular, mas de forma imprevisível, pois são "estruturas vitais". A nova filosofia da história se interessa pelo real em sua infinita diversidade. É um pensamento não mais do "absoluto extenso" – que envolveria todos os indivíduos em uma ordem ou princípio comum, intemporal – mas de um "absoluto intenso", histórico, finito. O infinito na duração: a totalidade singular, "infinita" enquanto dura, concentração, integração da dispersão, superação da sucessão. O objeto das ciências do espírito são os homens mesmo, enquanto conjunto solidário de relações recíprocas, que Dilthey define como *zusammenhang*. O historiador segue seus movimentos, suas atividades, com paixão, querendo pôr-se em seu lugar, em seu interior, e "viver junto" à experiência passada. Espectador, sua atividade de conhecimento é intuitiva, empática, imaginativa, de espírito a espírito. Uma "visão". O sujeito que toma o passado como objeto é a si mesmo que objetiva. Ele não se separa de seu objeto, encontra-se separado dele pelo esquecimento. O objetivo da pesquisa histórica é abolir o esquecimento, que levou à separação entre o sujeito e ele mesmo, e reintegrar o passado no presente como "consciência intensa" de si: "compreensão". O esforço é da totalização de um singular – vencer o tempo que separa, que fragmenta o individual, afasta-o dele mesmo, de seu centro singular, e encontrar a consciência plena, total, de si (Reis, 2003a e b).

As consequências dessas teses e proposições da filosofia crítica da história constituem sérias ameaças a um conhecimento histórico objetivo. O método da filosofia crítica não leva a verdades válidas para todos, mas ao relativismo. A diversidade dos sistemas filosóficos globais e sua exclusão recíproca levaram Dilthey a concluir que não há filosofia da história "verdadeira", que a verdade absoluta, total, está fora de alcance. Escapando da filosofia tradicional da história e do naturalismo, a filosofia crítica da história só podia oferecer à ciência histórica específica, original, o relativismo! A história é um saber relativo? O problema da relatividade do conhecimento histórico, que Dilthey não conseguiu superar – e que, não superado, ameaça a própria possibilidade de uma ciência da história –, será retomado pelos seus sucessores, sempre na perspectiva da crítica kantiana: Windelband, Rickert, Simmel e Weber. A solução weberiana é uma das fundadoras da história como ciência social. Quanto às soluções de Windelband, Rickert e Simmel, eles reafirmavam algumas proposições de Dilthey, recusavam toda concepção *a priori* da história como metafísica e só admitiam a discussão de pontos de vista formais, juízos lógicos. A história é considerada o conhecimento da individualidade irredutível, conhecimento "ideográfico" e não "nomotético". É um conhecimento ameaçado pelos valores, tanto em seu objeto – os "objetos-valores" produzidos pela cultura – quanto pelo caráter seletivo e avaliador do conhecimento que produz. O problema do relativismo se apresenta e reapresenta sem cessar a esses autores, que procuram solucionar os impasses a que ele leva. Será Weber que apresentaria, senão as melhores soluções para esses impasses, pois certamente ele não constitui uma unanimidade, pelo menos as mais unanimemente reconhecidas como válidas.

Essa escola alemã do pensamento histórico foi, de certa forma, ignorada na França, pois realizou seu trabalho inovador no período pós-1870, atravessando o período 1914-1918, quando o orgulho nacionalista impediu o diálogo entre intelectuais franceses e alemães. Somente em 1938, quando da iminência de uma nova guerra entre alemães e franceses, portanto em uma ocasião inteiramente "inoportuna", R. Aron publicará sua tese sobre esses pensadores alemães. Dadas as circunstâncias históricas, Aron será mal lido e combatido – filósofo! – e terá somente um "cúmplice" entre os historiadores, Henri-Irinée Marrou, que também ficará excluído por muitos anos, sendo resgatado apenas recentemente pelos *Annales*. Na França do início do século XX, os franceses combatem um tipo de história que era alemã, mas que, na própria Alemanha, havia muito estava em crise. Aron poderia ser considerado "pré-diltheyano", mas, conhecendo a argumentação de Dilthey, deixa de ser um racionalista progressista ingênuo. Ele mistura a filosofia da história tradicional com a filosofia crítica da história, buscando uma síntese. Exporemos algumas de suas teses, que nos ajudarão a melhor compreender a filosofia crítica da história.

Em sua obra sobre os historicistas, *Essai sur la théorie de l'histoire dans l'Allemagne contemporaine – La philosohie critique de l'histoire*, de 1938 –, Aron apresenta uma avaliação negativa desse movimento alemão. O "relativismo historicista", comenta Aron, representa a derrota do evolucionismo racionalista, confiante na ciência positiva e na democracia; representa a vitória do irracionalismo, que levou ao pessimismo histórico: a história não tem objetivo, o homem não tem destinação e cria obras efêmeras. Aron considera que essa posição reflete a reação da aristocracia alemã à civilização de massa, ao industrialismo e a todas as formas de socialismo. O historicismo corresponderia a uma sociedade incerta de si mesma, a uma sociedade sem futuro ou que recusa aquele futuro que ela mesma prevê, e oscila entre a revolta utópica e o fatalismo "lúcido". Essa época relativista não reconhece acumulação de verdades, progresso, e sim uma dialética sem objetivo. É filosofia do devir e não da evolução, que chega a uma anarquia de valores: os intelectuais não possuem critérios racionais para a afirmação de qualquer valor final.

Os historicistas em seu relativismo chegaram a três conclusões céticas: não se saberia atingir leis universais, nem afirmar uma ética independente das condições sociais, nem precisar para todos e para cada um o que é necessário fazer ou querer. Negaram a tradição racionalista, para a qual a história é um processo moral: o indivíduo deve se elevar da animalidade à humanidade, do egoísmo ao respeito da lei, da cegueira à conduta refletida, progressivamente, em direção a um ideal inacessível. Para Dilthey, não existiria uma filosofia em progresso, mas concepções do mundo, sínteses de elementos diversos, científicos, sociais, metafísicos, em um devir irracional. O historicismo, prossegue Aron, é uma crise da filosofia: descobriu-se a impossibilidade de uma verdade filosófica e a impossibilidade de não filosofar. Historicamente, o período marca o fim das filosofias da história evolucionista em direção à Razão e se define essencialmente pela substituição do mito do progresso pelo mito do devir. O movimento histórico é independente dos desígnios dos homens, sobretudo dos seus desígnios racionais ou morais. O futuro será outro, nem melhor, nem pior... (COLLINGWOOD, 1978, p. 293-301).

A posição de Aron é bastante peculiar: ele concorda com os filósofos críticos da história quanto à especificidade do conhecimento histórico. Aceita que a história é "autoconsciência" que o homem toma de si, mas rejeita a história como devir não evolucionista e repõe a concepção iluminista da história como progresso em direção à sociedade moral. Para ele, o homem faz parte de uma ordem espiritual, transcendente às realidades que exploram as ciências da natureza. Não seria possível explicar a consciência a partir do que não é consciente, nem a razão a partir da irrazão. Aron confirma, portanto, a tese central da filosofia crítica da história, a da heterogeneidade dos reinos da natureza e da história. Sua concepção da história oscila entre as filosofias da história iluminista e hegeliana, de um lado, e a crítica dos novos filósofos da história, de outro. Para ele, a história humana se apresenta como conservação e retomada consciente do passado. Só a retomada consciente do passado permite definir a historicidade autêntica. Esta é a especificidade humana: só a espécie humana está engajada em uma aventura cujo objetivo não é a morte, mas a realização de si mesma. A humanidade toma consciência de seu passado e define sua vontade a partir dele. Os povos históricos não o são pelo ritmo acelerado de suas mudanças ou pela originalidade de suas instituições, mas vivem historicamente porque conservam, revivem e julgam a existência de seus ancestrais.

Sobre os impasses relativistas dos historicistas, Aron apresenta as seguintes soluções: (a) o conhecimento histórico pode ser objetivo; (b) o retorno da hipótese de um progresso da consciência de si da humanidade repõe valores universais que servem de critério para o verdadeiro e o justo. Quanto à objetividade possível do conhecimento histórico, ele considera que não se pode chegar à objetividade indiscutível da física, mas que se pode chegar a alguma universalidade nos enunciados históricos. A ciência histórica seria ainda a "consciência de si" de uma comunidade, mas o historiador, apesar de querer penetrar na consciência do "outro temporal", o passado, mantém a sua posição de "outro" em relação ao seu objeto; ele o observa do exterior e não saberia "pôr-se em seu lugar". Só lhe resta o caminho da reconstrução conceitual e ele escolherá entre vários sistemas de ideias para interpretar seu outro-objeto. O historiador é um "ponto de vista" sobre seu objeto. Não existe uma realidade histórica feita antes da ciência, que conviria apenas reproduzir com fidelidade. A realidade humana é equívoca e inesgotável. O fato histórico é construído a partir do vivido; é uma objetividade pensada, não dada. O objeto em si, positivista, dilui-se e se torna uma construção do sujeito.

Aron admite que os enunciados históricos são relativos à época em que foram produzidos, o que o levaria ao relativismo também, mas ele acrescenta que a compreensão, sem suprimir a renovação das obras e dos enunciados históricos diferentes, em cada época, eleva-se a uma validade mais e mais larga, subordinada ao presente e à teoria. A verdade possuída hoje permite apreender as verdades conquistadas anteriormente. O presente deriva do passado e, por outro lado, a perspectiva sobre o passado deriva do presente. A retrospecção remonta do presente para o passado. A explicação pelas origens, que parece mais realista, segundo ele, oporia-se, aparentemente, à racionalidade retrospectiva. Mas, conclui, são caminhos complementares que constroem a objetividade do conhecimento histórico. A retrospecção carrega o risco da justificação do presente pelo passado, que a explicação genética pode retificar. O historiador vai e vem do presente ao passado, realiza dois movimentos contrários e complementares: do presente à origem, da origem ao presente.

Defensor do progresso, Aron considerava que os historicistas tinham degradado o processo histórico em um devir sem objetivo fixo, toda época existindo por ela mesma, irredutível e solitária: cada uma se daria um fim diferente, sem nenhum ponto comum como ligação, e a humanidade teria se dispersado. Para Aron, a história-devir é uma liberação: em lugar de aplicar um esquema rígido, o historiador vai ao encontro de todas as singularidades, esforça-se para compreendê-las e reconhecê-las nelas mesmas. Enquanto a doutrina do progresso subordina, sacrifica o passado ao futuro, o historiador do devir coincide com a vida e a respeita, pois cada instante tem nele mesmo sua razão de ser. Mas Aron a recusa e lamenta: esta liberação leva a uma anarquia de valores. Chega-se a uma pluralidade de histórias independentes, cuja lei supraindividual seria a irracional. Estas histórias não teriam mais nada de humano, seriam fatalidades. Entretanto, ele considera que o homem se busca na e pela história, que quer reconciliar-se consigo. O tempo seria uma potência destruidora, que leva ao nada impérios, e também o princípio de criação e da vida. Portanto, conclui, nem o otimismo excessivo do progresso nem o pessimismo da dispersão e da solidão conseguem definir propriamente a ideia de história. A vida não chegará à reconciliação total, mas tende para ela. O futuro, para Aron, ainda é a categoria temporal primeira. "Viver historicamente" seria situar-se em relação a uma dupla transcendência: o passado, caracterizado pelo "saber", e o futuro, caracterizado pela "vontade": o primeiro, objeto de conhecimento, o segundo, objeto de ação. O presente seria a realização deste conhecimento do passado que orienta a vontade na ação que cria o futuro.

Assim, Aron é, por um lado, diltheyano: o presente é consciência dilatada, que inclui o passado; por outro, é diferente de Dilthey: o sujeito histórico volta a ser a "humanidade", um sujeito coletivo universal, que toma consciência de si e vai, progressivamente, em direção a uma reconciliação máxima, senão total, consigo – enquanto em Dilthey esta consciência é a de um sujeito total singular, é a de individualidades singulares, dispersas, sobre as quais nenhuma lei superior se imporia. Aron atribui esta consciência historicista da história à aristocracia alemã, que já se sabia condenada a desaparecer. Para ela, o futuro seria a morte e sua "vida" estava no passado; no presente, ela era solitária, excluída do movimento geral da história. Esta aristocracia se identificaria em uma filosofia do devir, em uma história sem progresso e sem razão. Estaria pronta para assumir a historicidade, que é a experiência da individualidade, da incomunicabilidade e da finitude insuperáveis da vida. Excluída do presente, não pensava mais em termos de "humanidade" e "sujeito-coletivo", mas de totalidades singulares, dispersas: sujeitos finitos, relativos, situados em um tempo e lugar.

Eis aí a historicidade assumida? Para essa aristocracia, não há verdade universal, aplicável a todos os indivíduos; não há supralei, não há razão totalizadora. A verdade é múltipla e pertence a cada individualidade particular. Dilthey – tendemos a concordar com Aron – teria formulado o pensamento desse sujeito histórico diante da morte, a aristocracia alemã. Entretanto, nessa posição "agonizante", a aristocracia teria verdadeiramente enfrentado a historicidade e sua finitude? Acreditamos que não, apesar de ela se identificar a um pensamento da finitude, do devir. O esforço de totalização desenvolvido pela "estrutura vital" singular é um esforço para vencer o tempo, que a separa dela mesma, fragmenta-a, afasta-a dela mesma, de seu centro individual consciente de si. O trabalho da temporalidade é o de promover o esquecimento de si, pois sucessividade irreversível. O mesmo indivíduo presente vê a si mesmo, no passado, como "outro".

A aristocracia alemã, por exemplo, diante do futuro-morte, vivendo um presente solitário e também separada de seu passado de glória, terá de encontrar um meio de evadir-se desse horror. Seu esforço será o de abolir a temporalidade que a separa dela mesma. Seu passado foi de glórias, seu presente é de dor, seu futuro será a morte. Sua estratégia de evasão: procurará obter a solidariedade do seu passado ao seu presente. Dilthey apresenta-lhe um projeto de fuga irrealizável, pois seria a realização do absoluto no finito. Ele propõe uma consciência presente que inclui a experiência passada, isto é, uma consciência total de si, que não se separa de si, não se divide, não se esquece. Uma estrutura particular que se totaliza para conviver com a consciência de sua finitude. A tolerância da experiência temporal é procurada na "solidariedade consigo mesma", conquistada pelo estabelecimento de uma "continuidade de si". A abolição do tempo consistiria, então, em manter-se junto a si, compreendendo-se enquanto "aí" – passado e presente – em um não tempo, em um "ser-aí" pleno de consciência de si, em coincidência consigo mesma, uma simultaneidade de passado-presente que vence o fluxo temporal. Sabendo-se finita, a consciência quer "fixar-se" em si, ser infinitamente em si. Uma consciência "fixa", um "ponto vivo", concentrado de modo absoluto em si, diante de outro ponto, a finitude futura: assim, presente e passado unem-se contra o futuro. Heidegger tem em Dilthey um precursor; ele desenvolverá essa filosofia desse homem histórico, infinitude-autenticidade diante da finitude-morte. A Europa em guerra do século XX desenvolverá essa consciência cética, amarga, relativista e encontrará em Dilthey uma consciência antecipada de si (FREUND, 1973).

Também se enraízam nesse pensamento historicista as teses de diversos pensadores do século XX, não necessariamente diltheyanos, como W. Benjamin e Paul Ricoeur. Essa "solidariedade" do presente em relação ao passado e do passado em relação ao presente é descrita por esses autores como uma "dívida" do presente em relação ao passado. Segundo Benjamin, as gerações passadas de uma comunidade tiveram horizontes de espera insatisfeitos e o presente teria a responsabilidade de realizar as esperas passadas não realizadas (HABERMAS, 1985, p. 13-22). As gerações presentes se responsabilizariam pelo destino das gerações passadas – e cada presente se identifica com passados diferentes e realiza seus projetos não concretizados. O presente é solidário do passado, é seu libertador, tem uma dívida para com suas esperas não realizadas – ele deve realizá-las. A geração presente se "lembra" das gerações passadas e procura "realizá-las" no presente – o presente seria o passado realizado. Essa tese nos leva a Dilthey: a uma totalização de uma consciência sempre presente a si, solidária a si, realizadora de si, pois conhecedora de sua existência finita, temporal. A continuidade da presença a si não aboliria a multiplicidade das experiências, mas sim sua descontinuidade: o esquecimento, a fragmentação, a divisão de si. A continuidade de si cria um eterno presente que vence a sucessividade temporal. A consciência presente é "cheia" do passado e do presente – é um presente contínuo.

Os sucessores de Dilthey, sobretudo Weber, escolherão a evasão pela "objetividade científica". A singularidade vivida é substituída pela singularidade conceitual; a reflexão "filosófica", que visa ao conhecimento do "interior", torna-se reflexão "teórica", que não deixa de considerar as intenções, as significações, os fins das ações individuais, mas os insere em um sistema racional, formal, abstrato, hipotético, ideal-tipo, esvaziado de valor, de vitalismo, de consciência de si, de historicidade. Aron escapará também à historicidade, recuperando a velha suprarrazão, critério da verdade e do justo, válido para todas as individualidades, "libertando-as", assim, da dispersão, do ceticismo, do relativismo e reintegrando-as em um processo coletivo, pelo qual a humanidade se reconciliaria consigo mesma. Ele recusa a história-devir e faz retornar a Razão doadora de sentido universal. Mas conhecedor da argumentação diltheyana que, por representar a consciência de um sujeito prestes a sair da história, não quer dizer que seja desprezível, mas, pelo contrário, como consciência de um sujeito sabedor de sua finitude, é consciência plena da historicidade e do vivido, deixou de ser um progressista otimista e ingênuo.

O MARXISMO

Assim como os historiadores da escola metódica, dita "positivista", e como os filósofos da crítica da razão histórica, o marxismo pretendeu recusar as filosofias da história e fundar a "história científica". São caminhos diferentes que visam à realização de um mesmo objetivo. A história metódica, esperamos tê-lo demonstrado, ainda conservava implicitamente uma filosofia da história iluminista pré-revolucionária na França e, na Alemanha, um hegelianismo "relativizado"; a filosofia crítica da história quis substituir Hegel por Kant, mas ainda a integravam ideais da filosofia hegeliana. Teria o marxismo conseguido romper definitivamente com a filosofia da história e criado a história-ciência? Vilar (1982) está convencido de que sim. Segundo esse autor, marxista e do grupo dos *Annales*, a afirmação do materialismo filosófico, agora histórico, contra as filosofias idealistas que o precederam foi o primeiro e fundamental passo naquela direção. Para o materialismo histórico de Marx, o material histórico é analisável, observável, objetivável, quantificável. Esse material assim "objetivamente tratável" não são as expressões do Espírito – a religião, o Estado, a cultura, a arte, tratáveis intuitivamente –, mas as "estruturas econômicosociais", consideradas a raiz de toda representação, de todo simbolismo, de todo o sentido de uma época. Para Vilar, a hipótese fundamental de Marx seria: "A matéria histórica é estruturada e pensável, cientificamente penetrável como toda outra realidade". (1982, p. 383)

Seu objetivo, prossegue Vilar, seria a criação de uma ciência da história ao mesmo tempo *coerente*, graças a um esquema teórico sólido e comum, *total*, capaz de não deixar fora de sua jurisdição nenhum terreno de análise útil, e enfim *dinâmica*, pois, não existindo nenhuma realidade eterna, torna-se preciso descobrir o princípio das mudanças. Marx não teria posto o problema a que as duas tendências anteriores se dedicaram, se as ciências humanas se aproximam ou se afastam das ciências naturais. Para ele tal divisão seria consequência da separação do homem da natureza: reintegrado a ela, a ciência seria uma só, a do homem natural, a da natureza histórica (FREUND, 1973).

Para Vilar, o marxismo não é uma filosofia da história, embora seja uma "filosofia": não é positivista, pois não recusa a metafísica com outra metafísica; não oferece um lugar sistemático ao incognoscível – o inexplicável hoje só não foi explicado ainda. Supor um "sentido" para a história, considera Vilar, equivale a supor que a história é "racionalmente estruturada" e pensável; portanto, algo que não implicaria necessariamente uma filosofia da história. Marx teria criado uma "teoria geral" do movimento das sociedades humanas. Essa teoria geral seria um conjunto de hipóteses a serem submetidas à análise lógica e à verificação. Suas hipóteses principais são: (a) a produtividade é a condição necessária da transformação histórica, isto é, se as forças produtivas não se modificam, a capacidade de criação da vida humana se imobiliza, e se elas se modificam tudo se move; (b) as classes sociais, cuja luta constitui a própria trama da história, não se definiriam pela capacidade de consumo e pela renda, mas por sua situação no processo produtivo; (c) a correspondência entre forças produtivas e relações de produção constitui o objeto principal da história-ciência, que a aborda com os conceitos de "modo de produção" e "formação social" (VILAR, 1982, p. 356).

Esses três momentos interligados constituem uma "hipótese geral" sobre o movimento das sociedades. O objeto da história-ciência: uma formação social concreta, que é uma estrutura contraditória, uma totalidade em luta consigo mesma, tendendo à desintegração. A história-ciência trata da luta de classes no quadro do desenvolvimento das forças produtivas. A abordagem desse objeto é "conceitual" – através do conceito maior de "modo de produção" e de uma série de conceitos mediadores. Portanto, a realidade histórica é estruturada: grupos de homens, que ocupam lugares contraditórios no processo produtivo, entram em relação de luta – um grupo busca manter as atuais divisões de papéis, outro tenta o rompimento de tal divisão. Permanência e mudança formam uma totalidade e se explicam reciprocamente. A abordagem da "realidade material" seria "científica". Aquela realidade não é expressão do Espírito, mas algo em si, concreta, materialista. O historiador, ao abordá-la, não realiza a reflexão constituinte da autoconsciência do Espírito. Entre a realidade concreta e o pensamento há descontinuidade: o pensamento quer conhecer "conceitualmente" a realidade dada – que não é a exteriorização do pensamento, como em Hegel. O conceito, em Marx, é uma reconstrução ideal de algo exterior a ele, a realidade histórico-concreta.

Consideramos que, talvez, Marx recupere uma ideia hegeliana e a "cientificisa". Para Hegel, as ações humanas revelam a intenção de um sujeito e expressam também algo que o sujeito ignora, a vontade do Espírito. A ação, individual ou coletiva, possui dois níveis: consciente e inconsciente. O nível inconsciente, em Hegel, é o Espírito; em Marx, é a estrutura econômico-social, que limita e circunscreve a ação do sujeito individual ou coletivo. Essa tese marxiana, parece-nos, é fundadora da ciência social. A tese primeira da ciência social seria a versão materialista marxiana de uma ideia idealista hegeliana: os homens fazem a história – há uma multidão de eventos, uma dispersão de iniciativas produzidas por indivíduos e grupos – e não sabem que a fazem – esta "ação livre" está condicionada pela estrutura econômico-social, que só pode ser conhecida conceitualmente. A ação concreta dos indivíduos se explica por um "real abstrato", as estruturas econômico-sociais. O papel da ciência social é revelá-las pelo trabalho do conceito. Os grupos atuantes, imediatamente, não conhecem a estrutura maior que os circunscreve, pois essa só é apreendida pelo pensamento, pela mediação conceitual.

O marxismo, enquanto ciência da história, tomará como objeto as estruturas econômico-sociais, invisíveis, abstratas, gerais, mas "chão" concreto da luta de classes e das iniciativas individuais e coletivas. Para Marx, os indivíduos só podem ser explicados pelas relações sociais que mantêm, isto é, pela organização social a que pertencem e que os constitui como eles são (cf. Tese VI sobre FEUERBACH). Cada modo social de produção criaria os indivíduos de que necessita. Não haveria um homem "universal", mas o concretamente "produzido" pelo conjunto das relações sociais de produção. Para se compreender o processo histórico, o conceito principal deixa de ser o de "consciência", que supõe a hipótese do ser espiritual da história, e torna-se o de "produção", que supõe a hipótese materialista do "ser social", um ser relacional situado em um tempo e em um lugar. Embora antimetafísico, Marx trata de um objeto exterior, de um "ser" – o ser social organizado para a produção e reprodução da vida imediata. Esse "ser social" é materialista, objetivo, concreto, exterior ao pensamento. A ontologia marxista é "relacional" – o ser social não é uma "coisa", e sim relações históricas determinadas. Ao mesmo tempo que absolutamente historicizado, esse ser conservaria um resíduo intemporal, presente em todas as formações sociais e inultrapassável: a relação insuperável entre homem e natureza. Mas essa relação trans-histórica muda permanentemente de qualidade nos diferentes lugares e épocas. Assim, Marx não seria metafísico, pois não rastreia substâncias originais, primeiras, mas é ontólogo, pois se refere a um "ser" – as relações sociais que constituem o modo de produção capitalista (SCHMIDT, 1976).

Enquanto "ciência" da história, o marxismo apresenta três hipóteses principais:

(a) enfatiza o papel das "contradições", priorizando o estudo dos "conflitos sociais". Hobsbawm considera que essa é a hipótese mais original de Marx, a contribuição específica de Marx à historiografia, pois as teorias históricas anteriores priorizavam a harmonia, a unidade, a continuidade, entre as diversas esferas sociais (HOBSBAWM, 1982);

(b) o marxismo foi uma das primeiras teorias "estruturais" da sociedade. Ele é um estruturalismo genético, que afirma a contradição presente na estrutura, que a levará à transição a outra estrutura. Assim, abandonou a ênfase no evento e abriu o caminho da história "científica". O conhecimento da sociedade deixou de ser o conhecimento das atividades individuais e coletivas em si, declaradas explicitamente, organizadas em discursos universalizantes, legitimadores, expressas em eventos transitórios. A "verdade" de uma sociedade não está em seu "aparecer", intencional e factual, mas na inserção do aparente, visível, explícito, em uma estrutura econômico-social que não é mais o Espírito, mas uma correspondência entre forças produtivas e relações de produção. Essa estrutura econômico-social, invisível e abstrata, mas real, é o objeto da história-ciência, que a apreende conceitualmente.

A ciência social, no século XX, discutirá a compreensão marxiana dessa estrutura, duvidará do conceito de modo de produção e recusará a determinação, em última instância, das relações sociais de produção, mas reterá a tese central: os eventos históricos e sociais se explicam pela "estrutura" – conceito cuja compreensão variará de escola para escola – que os sustenta e condiciona. Tal estrutura é sempre um "real abstrato", apreendida pelo conceito. Para Vilar, passar à pesquisa de mecanismos que ligam a sucessão dos eventos à dinâmica das estruturas, eis a lenta conquista dos melhores historiadores do século XX. No essencial, ela conduz a Marx (1982, p. 374; REIS, 2000).

Marx iniciou a busca de regularidades na história, ou seja, da estrutura invisível, o solo dos inúmeros fatos que constituem a realidade visível. A realidade histórica é uma "estrutura em processo", pois internamente contraditória. É regular e irregular, permanência e mudança, e sua abordagem precisa reconstruir a dialética de sua sincronia e sua diacronia. Seu método de abordagem dessa "estrutura-processo" é "científico" e consiste na descoberta da estrutura interna das formações sociais, o modo de produção, que se oculta sob o seu funcionamento visível; o modo de produção é uma estrutura invisível que subjaz e dá sentido às relações visíveis. Não que os eventos da superfície sejam estranhos ou irrelevantes: eles são a estrutura em seu aparecer e, portanto, não se identificam a "erro e mentira". O método científico deve atravessar as relações visíveis em direção às relações mais profundas, invisíveis, e reintegrar o visível no invisível. Essa elaboração da realidade histórica é inteiramente mediatizada pelo conceito, pela reprodução ideal, pelo pensamento, da realidade concreta que lhe é paralela, exterior (GODELIER,

1974). Para Vilar, as ciências humanas têm início com a Economia Política inglesa e, principalmente, com *O capital*, que não é um livro "sagrado", mas inaugural da ciência social (1982, p. 352).

(c) mesmo sem o saber, mas podendo vir a sabê-lo, os homens "fazem a história" e não são suporte de qualquer sujeito metafísico. Pela práxis, pela intervenção, livre e condicionada na e pela estrutura econômico-social, os homens transformam o mundo e a si mesmos. Sua ação se dá no contexto de uma luta, sua intervenção é sempre um golpe numa luta, seja contra a classe adversária, seja contra a natureza. Entretanto, parece haver, nesse "contra" o outro social e natural, certa "astúcia" da lógica dessa luta, pois os ataques "contra" as posições particulares constroem a "com" – unidade universal. A emancipação da humanidade seria o resultado dessas lutas particulares, de classes contra classes, de homens contra a natureza. O "motor" do desenvolvimento histórico em direção à emancipação da humanidade não é o "espírito", mas a energia natural-humana investida e despendida em um processo de luta interna. Conclui Vilar:

> [...] isto não impede de reconhecer como uma quase-evidência [...] que o motor da história, quase sua definição, é a construção do homem e de seu espírito pela sua tomada da natureza, isto é, pela produção, pelo trabalho. Mas a tarefa do historiador é explicar a passagem deste motor elementar às formas mais complexas das sociedades e das civilizações. (1982, p. 368)

Essa "teoria geral" da sociedade, o marxismo, já foi interpretada a partir de perspectivas as mais contraditórias, excludentes e surpreendentes, graças, sem dúvida, à imensa riqueza epistemológica e prático-política da criação de Marx (ANDERSON, 1984). Entretanto, a possibilidade de leituras tão diversificadas de uma mesma teoria permite-nos duvidar de seu propalado "rigor teórico", de seu "caráter paradigmático". Stoianovitch considera, por exemplo, que há três tipos de história principais: a exemplar, a evolutiva e a funcional estruturalista (1976, p. 19-24). Até o século XIX, a maior parte das sociedades teria praticado a história exemplar, pragmática, que instrui o cidadão e guia sua ação; no século XVIII, a sociedade europeia criou, embrionariamente, a história funcional-estruturalista; já no século XIX, a história evolutiva prevalecerá e a funcional-estruturalista só virá a predominar no século XX. Conclui Stoianovitch: o marxismo oscilou entre esses três paradigmas e foi, de acordo com as circunstâncias, exemplar, evolucionista e funcional-estruturalista. Entretanto, propomo-nos a analisar a temporalidade marxista, brevemente, a partir de duas leituras possíveis da obra de Marx: (a) enfatizando-se seu aspecto "emancipador", a obra de Marx se tornará uma filosofia da história; (b) enfatizando-se seu aspecto cognitivo, conceitual, Marx será fundador da ciência social. São duas formas diferentes de compreender a temporalidade, que têm como consequência a elaboração de estratégias diferentes para "escapar-lhe".

Claude Lefort, em seu artigo "Marx: d'une vision de l'histoire à l'autre" (1978), apresentou essas duas leituras possíveis do texto marxiano, que seguiremos, apresentando nossas considerações pessoais. Segundo Lefort, há duas formas de compreensão do marxismo, que as obras de Marx não contestam: a primeira apresenta uma visão "evolutiva" da história; a segunda, uma visão "repetitiva" da história.

A visão evolutiva, continuísta, da história em Marx é aquela do Manifesto Comunista. O fio condutor dessa perspectiva é a tese de que a história de todas as sociedades até nossos dias é a história da luta de classes. Para Lefort, o fio da história pode romper-se, mas ele se restabelece sempre. Se atores desaparecem, o conflito não cessa e convoca novos. A humanidade é una no tempo. A continuidade do drama não deixa dúvida, apesar das pausas e regressões (1978, p. 195).

Nessa perspectiva, o modo de produção capitalista resulta da sucessão dos modos de produção anteriores e promove o trânsito a um modo de produção mais "evoluído", que ocupará um lugar qualitativamente superior na escala evolutiva dos modos de produção. Nessa escala evolutiva, o modo de produção capitalista ocupa o lugar de último modo de produção centrado sobre a luta de classes. O próximo modo de produção trará a superação dessa luta entre os homens e inaugurará uma nova fase da história humana. Tal modo de produção seria, por um lado, uma ruptura, pois não teria como motor a luta de classes, e, por outro lado, uma continuidade, pois engendrado pelo curso dialético dos modos de produção que o precederam. Enfim, a história possui uma ordem evolutiva racional, em que as fases sucessivas que a constituem engendram umas às outras em direção à utopia comunista. Os soviéticos eram os sustentadores dessa leitura de Marx. Para eles, a dialética marxista não nega a ideia de evolução, compreendida como "desenvolvimento em geral". Haveria uma ligação profunda entre evolução e revolução no processo de desenvolvimento: a evolução seria constituída pelas mudanças quantitativas que engendrariam as mudanças qualitativas revolucionárias; a revolução viria coroar a série de mudanças quantitativas evolutivas. Evolução e revolução formariam a estrutura do "desenvolvimento" da história em direção à síntese qualitativa superior no futuro.

Essa versão evolutiva do marxismo o constitui como uma filosofia da história, realizando uma combinação das posições de hegelianos, iluministas, de Comte e de Darwin. O aspecto hegeliano: o real é racional em sua contraditoriedade, nega-se a si mesmo, em busca da emancipação; o aspecto iluminista progressista: as fases da história humana são evolutivas, umas superiores às outras, em direção à sociedade justa, livre e comunitária; o aspecto iluminista revolucionário: a transição de uma época à outra constitui um período de "crise" – a luta de classes chega ao paroxismo, uma "vontade geral" se estabelece e decide sobre o fim da sociedade atual e o nascimento da nova; o aspecto comtiano: a evolução implica a substituição da religião, da especulação, do mito e da imaginação pelo espírito positivo; o aspecto darwinista: a evolução é um processo natural de melhoria da espécie. Como filosofia da história, o marxismo é, portanto, uma síntese de todas as grandes filosofias da história de sua época: a negatividade hegeliana, a vontade geral revolucionária de Rousseau, o progresso racional iluminista, a superação da metafísica comtista, o evolucionismo darwinista. O sentido da história é a emancipação dos homens pela ação de um sujeito coletivo – o proletariado – que implantaria o universal humano, fazendo cessar a luta de classes.

Esse esquema, retomando Lefort, não é desmentido por Marx, mas há em sua obra outro modo de apreensão da história e da vida social, um modo que dá mais ênfase à "repetição" do que à "evolução". Em sua análise dos modos de produção pré-capitalistas, os *Grundrisse*, Marx não mostra como esses contribuíram para a emergência do modo de produção capitalista e os distingue do capitalista. O modo de produção capitalista, então, não teria resultado do desenvolvimento evolutivo dos modos de produção anteriores, mas de uma ruptura com eles. Nessa perspectiva, não é a continuidade do processo histórico que o capitalismo faz aparecer, resultado de uma mudança de formas comandada por uma contradição fundamental [...] Mas uma descontinuidade radical, uma mutação da humanidade [...] (LEFORT, 1978, p. 197).

A análise que Marx faz dos modos de produção pré-capitalistas é lógica e não exige a sua observação empírica:

a partir da estrutura do capitalismo, ele pôde constituir teoricamente seu outro, os modos de produção pré-capitalistas. Assim, elaborou dois modelos que se opõem: (a) o modelo capitalista, com trabalho livre trocado por dinheiro para reproduzir e valorizar esse dinheiro e com separação do trabalho livre das condições objetivas de sua realização; (b) o modelo pré-capitalista, em que o trabalhador não é exterior à terra, possui as condições objetivas do seu trabalho e não é exterior à comunidade; os homens estão imersos na terra e na comunidade. Tal modelo teria sido invariante em todas as suas expressões: tribal, asiático, antigo e feudal. Considerando os dois modelos, entre o modo de produção capitalista e os modos de produção pré-capitalistas, não há "evolução", mas ruptura radical. E, entre os modos de produção pré-capitalistas, Marx não estabeleceu nenhuma filiação de um a outro. A mutação é efeito combinado de acidentes, guerras, migrações, limites geográficos, dificuldades climáticas. A mutação é produzida do exterior, mas, apesar das variações, mantém-se o modelo: trabalho na própria terra, vida comunitária.

As duas possibilidades de interpretação da obra de Marx, ainda segundo Lefort, tanto se excluem quanto se combinam. Na história evolutiva, o capitalismo é o ponto de chegada e de passagem de uma história que caminha inelutavelmente em direção à utopia comunista; na história repetitiva, há ruptura entre o modo de produção capitalista e os modos de produção pré-capitalistas, não há continuidade, e entre os modos de produção pré-capitalistas há uma "repetição" do mesmo modelo estrutural. Dessa forma, essas interpretações da história se excluem – mas podem se combinar também: há evolução e repetição, tanto nos modos de produção pré-capitalistas quanto no modo de produção capitalista. Nos modos de produção pré-capitalistas, a evolução é a destruição lenta da sociedade, a erosão das instituições, a aparição de novos fatores de diferenciação interna, a agressão de comunidades estrangeiras; a repetição é a conservação do modelo estrutural: dinastias se desfazem, guerras se sucedem, catástrofes acontecem, e a estrutura econômico-social permanece intocável – homens ligados à terra e à comunidade. Portanto, considerando as sociedades pré-capitalistas, sobretudo as asiáticas, Marx reflete sobre uma história que rompe com a ideia de devir regido inelutavelmente pelo desenvolvimento das forças produtivas e com a ideia da inelutável dissolução de toda estrutura social. Ele decifra um mecanismo de autoconservação, de uma história guiada pela repetição e não pela evolução. No modo de produção capitalista, evolução e repetição também se combinam, contudo predomina o aspecto evolutivo. O modo de produção capitalista é revolucionário e, por isso, constitui uma ruptura com as sociedades pré-capitalistas, que são conservadoras. É revolucionário porque sua indústria está sempre insatisfeita com seus últimos índices de produtividade e tende a superá-los de modo vertiginoso. E onde apareceria a "repetição" aqui? No seu "medo" dessa vertigem: confrontados ao novo constantemente, os burgueses não o suportam e dissimulam a novidade, refugiando-se nos modelos do passado, deixando-se envolver pelo espírito dos mortos. O presente se traveste de passado, o real é ocultado pela ideologia – que é a ilusão de racionalidade e universalidade, fuga da particularidade de um lugar – que petrifica o real (Laurent-Assoun, 1978). Lefort afirma: "A história que se realiza sob o desenvolvimento das forças produtivas é ainda uma história regida pela repetição" (1978, p. 218).

A determinação natural aparece no espaço social, a sociedade se torna uma grande estrutura mecânica, e as relações sociais são reificadas. No momento em que a continuidade se rompe, os homens, diante do inédito, inventam um passado que os defenda contra a vertigem que engendra sua própria ação. Mas, mesmo aqui, onde Lefort aponta o caráter repetitivo do modo de produção capitalista, pode-se perceber o seu outro lado evolutivo: na verdade, é a ação burguesa que teme sua própria revolução e se refugia no passado, mas a classe proletária recusa radicalmente o presente e o passado, "retira-se da história", em direção ao futuro. A repetição aparece no modo de produção capitalista pelo seu lado burguês, pelo retorno ao passado, defendendo-se da angústia que suscita a iniciativa histórica acelerada, que pode levar à morte ou à dominação.

Essa leitura antievolucionista restitui à obra de Marx toda a sua originalidade enquanto uma das criadoras do novo "ponto de vista" da ciência social. Por ela, Marx não parte da ideia de um sentido universal dado por antecipação aos homens. Sua dialética materialista não é teleológica. A história é uma sucessão de processos particulares, que recomeçam sempre depois de uma ruptura e terminam em outra. Nessa perspectiva, não há em Marx a totalidade absoluta que se expressaria em totalidades parciais, como o Espírito hegeliano. Não haveria, em Marx, "negação da negação", salto qualitativo, síntese dialética, continuidade, evolucionismo, mas ruptura, descontinuidade entre as estruturas históricas, os modos de produção. Aqui, Marx teria rompido radicalmente com as filosofias da história.

Entretanto, resta a ambiguidade do marxismo: fundador da ciência social e continuador das filosofias da história emancipadoras. Enquanto dá prosseguimento à grande narrativa emancipadora, sua vivência da historicidade se aproxima da negatividade do Espírito hegeliano, do progressismo e da "crise" iluminista, isto é, compreende a história como uma aceleração do tempo em direção ao futuro livre. O presente é consumido pelo futuro, não pela evolução gradual e pacífica, mas pela "crise permanente". Marx radicaliza a percepção do tempo da modernidade, criado pela burguesia que, após ter tomado o poder, passou a recusar o futuro, que se transformou em ameaça, a mesma ameaça que ela foi para a aristocracia. Diferentemente das estratégias anteriores de recusa da temporalidade – a atitude poético-intuitiva mítica, a atitude de pura intuição da fé, a atitude racional interpretativa, especulativa, das filosofias da história –, Marx herdará do Iluminismo revolucionário e principalmente do Idealismo alemão, de Kant e Fichte, a "razão prática", a "práxis", a intervenção racional, crítico-concreta no mundo. A "destinação do homem", para usarmos a expressão de Fichte, é construir-se, reencontrar-se, reconciliar "inteligência e coração" pela ação, pela intervenção "crítica", teórico-prática, no mundo social.

Essa estratégia de evasão da experiência da temporalidade, que o marxismo adotou, expressa um otimismo insuperável. Através da ação crítica da realidade social, que a destrói e reconstrói, os limites sublunares, a relatividade e finitude humanas poderiam encontrar conforto, salvação, paz neste mundo mesmo, no futuro. Diante da angústia, do vazio, da escuridão, do horror da experiência vivida, só haveria a possibilidade de os homens tomarem seu destino nas próprias mãos. Pela práxis, a história teria sua salvação na própria história, a utopia resgataria o tempo passado e presente de infelicidade, e a espécie humana seria imortal e se aperfeiçoaria, superando a finitude dos indivíduos. O marxismo inspira, pela sua estratégia para solucionar o drama da temporalidade, confiança e esperança. A utopia será uma "cidade-feliz", humana e histórica, e não uma "cidade de Deus" ou do Espírito Absoluto. Não se pode estranhar, então, a sua enorme repercussão, o seu caráter de tempestade sobre a história. Entretanto, diante dessa sua estratégia "humanista", as questões que se apresentam são inúmeras. A principal, a nosso ver: é possível que a história resgate a história? É possível os homens se recuperarem ainda no tempo, vivendo a experiência da finitude? O marxista, claro, está seguro dessa possibilidade e consideraria absurdo, "um retrocesso", a reposição de tal problema. Entretanto, parece-nos, esse é o problema fundamental, para o qual toda resposta deve ser posta com hesitação, com o sentido da nuança, sempre considerando a possibilidade do erro. Pois a resposta dogmática, "bruta", pode aumentar o nível de dor da experiência vivida em vez de aliviá-la. Antes de propor uma saída, uma solução, uma resposta que se recuse a se rever pode reforçar as grades da prisão da historicidade.

O marxismo procurou evitar o que as ciências sociais farão no século XX: separar *faire l'histoire de faire de l'histoire*. O resultado foi a ideologização do conhecimento histórico, que o manteve ainda na área de influência da filosofia da história. Considerando que seu objeto de análise é uma sociedade dividida e tensa, não se poderia estudá-la evitando-se essa sua fratura. O historiador, para ser objetivo mesmo, isto é, relativo a essa sociedade-objeto, deveria refletir sua contradição e ser parcial. Ao "tomar posição", ele conheceria as razões do grupo que defende e as razões do grupo que ataca; estaria, portanto, inteiramente adequado ao seu objeto e, logo, produziria um conhecimento objetivo, embora parcial (cf. SCHAFF, 1971, p. 305 et seqs.). O marxismo chega a um enunciado surpreendente: a parcialidade a favor da classe revolucionária corresponderia à objetividade no conhecimento social e histórico, pois essa classe não tem "interesse" em esconder as divisões da realidade, em ocultar o processo social, pelo contrário, tem interesse em revelá-la em toda sua contraditoriedade, em seu caráter tenso, conflitual. Essa ideologização do discurso histórico põe sérios problemas ao caráter "científico" da história marxista, que se teria degradado em discurso legitimador de interesses particulares, dando-lhes uma validade universal. Entretanto, quando esse aspecto ideológico foi reconhecido e controlado, o marxismo apresentou um conjunto de hipóteses gerais, parciais e particulares, bem como conceitos que levaram, de maneira bastante fecunda, a uma "ciência do real social".

Mas, então, enquanto "ciência social", o marxismo evadiu-se da historicidade pelo "conceito". O aspecto lógico, formal, do "puro conceito" se substitui ao aspecto histórico, temporal, concreto, na análise da sociedade. A versão althusseriana do marxismo é essencialmente conceitual, formal, por abandonar o movimento histórico para tornar-se pura construção teórica. O capitalismo deixa de ser uma realidade vivida e torna-se um sistema conceitual, lógico, que se poderia analisar em si, sem qualquer referência ao vivido. Portanto, o marxismo, em sua ambiguidade, oscilou entre a evasão da historicidade em direção ao futuro e a evasão em direção ao puro conceito. As soluções intermediárias combinaram essas duas estratégias: a descontinuidade vivida foi transformada em "continuidade", ou pela ligação do presente ao futuro ou pela inter-relação necessária da dispersão em conjuntos articulados de conceitos (THOMPSON, 1978).

O PROGRAMA (PARADIGMA?) DOS *ANNALES* "FACE AOS EVENTOS" DA HISTÓRIA

Kuhn, referindo-se à estrutura das revoluções científicas – cuja transposição à estrutura das transformações do conhecimento na área das ciências humanas talvez possa ser feita, mas que permanece, em todo caso, polêmica –, considera que o termo "paradigma" pode ser usado em dois sentidos: o *sociológico*, com o significado de um conjunto de crenças, valores e técnicas comuns a um grupo que pratica um mesmo tipo de conhecimento; e o *filosófico*, como um elemento isolado do conjunto anterior, isto é, como as soluções concretas de enigmas que, empregadas como modelos e exemplos, legitimam a "ciência normal" e as "revoluções científicas". Uma *comunidade científica* é o que define um paradigma no sentido sociológico: um grupo de indivíduos que praticam certa especialidade científica, que tiveram uma formação e uma iniciação profissional semelhantes, assimilaram a mesma literatura técnica, obtiveram os mesmos ensinamentos. Uma vez isolado um tal grupo particular de especialistas, a questão que se põe é: o que compartilham seus membros que explicaria a plenitude de sua intercomunicação, que sustentaria o seu exercício da "intersubjetividade" e o resultado mais ou menos comum de suas pesquisas? A resposta, segundo Kuhn, deverá ser: um paradigma ou um conjunto de paradigmas, no sentido filosófico do termo. No posfácio à sua obra, onde ele considera a repercussão da primeira edição e as contestações às suas hipóteses, ele preferirá responder: uma "matriz disciplinar", constituída de diversos elementos que formam um todo e funcionam juntos: generalizações simbólicas, crenças metafísicas, valores comuns e exemplos (1983, p. 237-84).

Coloquemos, então, essa questão proposta por Kuhn à comunidade de historiadores que constitui o grupo dos *Annales*: o que os uniria, o que lhes seria comum? Seria um paradigma no sentido filosófico, uma matriz disciplinar? Teriam eles feito uma "revolução científica" no interior do conhecimento histórico, para ocupar o lugar hegemônico que ocupam? Ou seriam "herdeiros", ainda, da "história normal" praticada anteriormente? Pôr a questão da unidade dos *Annales* em torno de "problemas-tipo e soluções modelo", em torno de um "sólido acordo de base" sobre a pesquisa histórica, é perguntar se eles possuem princípios teóricos que os constituam em uma escola. As respostas a tais indagações variaram ao extremo, desde as mais afirmativas, que admitem a existência de um paradigma único, que se estabeleceu através de uma revolução científica, baseadas na teoria de Kuhn, até as mais negativas, que sustentam não haver qualquer novidade na historiografia francesa desde cem anos atrás. Encontramos ainda posições mais complexas, que veem o surgimento, com os *Annales*, de vários paradigmas e não de um somente, bem como a afirmação, comum entre os membros mais célebres do grupo, de que não existe qualquer "paradigma dos Annales", mas sim um "espírito" que os uniria. Do ponto de vista sociológico, entretanto, é indiscutível: os *Annales* constituem um paradigma. É possível, então, haver um paradigma no sentido sociológico sem que haja um paradigma no sentido filosófico?

Stoianovitch (1976) é o principal articulador da resposta mais "otimista". Ele considera que entre 1946 e 1972, quando os *Annales* estiveram sob a direção de Braudel, esse teria criado um paradigma reconhecível e maduro, uma matriz disciplinar autônoma. Considera também que as posições contraditórias sustentadas pelos diversos membros do grupo são, na verdade, complementares entre si e formam um conjunto complexo: o paradigma dos *Annales*, criação original dos franceses, é o "estrutural-funcionalista". Para Stoianovitch, os *Annales*, em todas as suas três gerações, teriam sido os criadores e os praticantes talentosos desse paradigma, que ele procurará caracterizar em sua obra. Segundo a forma estrutural-funcionalista de praticar o conhecimento histórico, a ação humana deixa de ser "exemplo" para ser "função". A mudança não é vivida como progresso, como uma evolução regular ou continuidade, mas como uma nova função, aspecto de um processo de estruturação, desestruturação e reestruturação. A mudança se insere em um sistema. Stoianovitch liga o pensamento dos *Annales* a dois mitos gregos: Hermes, deus da comunicação, que representa o movimento, o passageiro, a contínua mudança, e Héstia, que representa um espaço concluído, doméstico, estável. O paradigma dos *Annales* seria, então, uma síntese desse duplo aspecto da experiência vivida nas coletividades humanas, uma experiência fixa e móvel, autárquica e interdependente:

> [...] o paradigma dos Annales consiste na pesquisa sobre o modo como funciona o sistema dado de uma sociedade em suas múltiplas dimensões, temporal, espacial, humana, social, econômica, cultural, acontecimental [...] Faz a análise entre parte e todo e não entre antecedente e conseqüente [...] pesquisa as várias funções da comunicação, inclusive a simbólica e inconsciente. (STOIANOVITCH, 1976, p. 236-7)

Essa hipótese de Stoianovitch, que ele apresenta de forma até verossímil, será recusada pelo próprio Braudel, ao prefaciar a obra do próprio Stoianovitch (1976, p. 9-18). Para Braudel, em primeiro lugar, a construção teórica do "modelo" dos *Annales* não se deu entre 1946 e 1972, mas em 1929. Entretanto, prossegue Braudel, apesar de combaterem a história tradicional, Febvre e Bloch não tiveram a impressão de estar criando um paradigma, entende-se esse termo como um sistema de pensamento rigorosamente articulado e concluído. Eles não teriam, comenta Braudel, nenhum prazer em usar esse termo e menos ainda termos como "escola" e "modelo". O que propuseram foi somente uma "troca de serviços" da história com as ciências sociais. E essa troca, para Braudel, era, e continuou sendo, o último e mais profundo motor dos *Annales*, proposta que constituiu uma novidade radical em 1929. A segunda geração dos *Annales*, então, não teria acrescentado nada de novo ao projeto da primeira, apenas o teria prosseguido e aprofundado. Em seu "Personal Testimony", Braudel será mais explícito: "Os *Annales*, apesar da sua vivacidade, nunca constituíram uma escola no sentido estrito, isto é, um modelo de pensamento fechado em si mesmo" (1972).

O próprio Braudel, portanto, recusa a hipótese da existência de um paradigma, no sentido de Kuhn, para os *Annales*. Esse fato encerraria o assunto? No interior do grupo, os seus sucessores, embora com hesitação, utilizam o termo acrescentando-lhe comentários explicativos. Fora do grupo, há os que não falam de "paradigma", mas de uma "filosofia" dos *Annales*. O historiador inglês Trevor-Ropper acredita ter apreendido o "espírito" dos *Annales* e estar em condições de descrever a sua "filosofia", isto é, os princípios norteadores da sua pesquisa:

> [...] se eu fosse tentar capturar a filosofia da escola dos Annales, enfatizaria três elementos: 1º) há uma tentativa de apreender a totalidade e a coesão vital de qualquer período histórico ou sociedade [...]; 2º) há a convicção de que a história é, pelo menos em parte, determinada por forças externas ao homem, mas não são inteiramente neutras ou independentes dele: forças em parte físicas, visíveis e imutáveis ou que mudam lentamente. como a geografia e o clima; e as que são em parte intangíveis, perceptíveis apenas intelectualmente, como as formações sociais e as tradições intelectuais; 3º) há a determinação, embora

> sem perder de vista a totalidade da ação humana. de reduzir a área de incompreensão pela análise estatística rigorosa [...] Esta filosofia comum pode ser percebida. em formas variáveis, em todos os membros da escola dos Annales. (1972, p. 470-1)

Em 1979, na comemoração do cinquentenário da publicação do primeiro número da revista, um dos membros do grupo também se pôs a questão da unidade dos *Annales*, e procurou responder a ela usando, de forma particular, o conceito de paradigma. Revel (1979) se pergunta se, ao longo das três gerações dos *Annales*, teria havido uma permanência, uma continuidade entre a terceira geração e a primeira.

O que poderia haver de comum, ele se interroga, entre aquele pequeno grupo de professores da Universidade de Estrasburgo que, nos anos 1920, fundou uma revista e enfrentou a cidadela universitária e a rede possante que se constituíra havia vinte anos em torno daquela mesma revista e da École des Hautes Études en Sciences Sociales? Haveria uma continuidade entre a "história global" dos fundadores e a "história *éclatée*" dos mais recentes? Os defensores do "espírito dos *Annales*" costumam justificar uma continuidade, apesar da descontinuidade entre as três gerações, pela fidelidade dos últimos ao desejo de Febvre e Braudel de manter a história sempre aberta à história efetiva e aos movimentos da história da ciência. Em nome desse espírito, caracterizado por uma sensibilidade à mudança, pela atividade desembaraçada de definições teóricas, fala-se de uma "escola dos *Annales*". Mas – e Revel introduz a sua resposta à sua questão – ele não acredita em um paradigma único, geral, dos *Annales* e também não descarta a existência desse espírito. O historiador sugere a existência de uma série de paradigmas particulares que se sucederam sem se eliminar; para ele, o que caracterizaria a continuidade e a unidade dos *Annales*, sem os constituir em uma "escola", seria a manutenção da proposição central dos fundadores pelos membros atuais do grupo: retirar a história de seu isolamento e aproximá-la das outras ciências sociais. Enquanto associada às ciências sociais, a história teria se dotado de vários paradigmas, pois as ciências sociais são múltiplas, apesar de ter em comum a "objetivação do social". As alianças com as ciências sociais, nas três gerações, foram diferentes, sem que as associações anteriores fossem desfeitas quando da criação de outra. Assim, os *Annales*, fiéis ao espírito dos fundadores, teriam seguido sua orientação inaugural e, associando-se às diversas ciências sociais ao longo de sua história, teriam adotado vários paradigmas, tornando mais complexas suas relações com os fundadores.

Há também os que contestam não só a existência de um paradigma dos *Annales*, como também qualquer alteração no panorama da ciência histórica com a sua chegada. Jean Glénisson interroga e responde:

> Pode-se falar, como alguns, de uma transformação radical na concepção atual da história? Quanto à França, nada nos parece menos justificado. E, talvez, ao contrário, um dos traços mais característicos de nossa historiografia nacional seja a sua continuidade, apesar das aparências – a tranqüilidade de sua evolução desde cem anos. (1965, p. x-xi)

Essa formulação de Glénisson é importante, pois obriga a esclarecer a relação entre a discussão de um possível paradigma dos Annales e a maneira como esse paradigma teria se estabelecido como dominante. Ligada à questão da existência de um paradigma nos *Annales* há uma outra: os *Annales* teriam feito uma revolução no conhecimento histórico ou são "herdeiros", apesar do seu combate? A hipótese que sustentaríamos seria a de que os *Annales*, se não fizeram uma "revolução científica", no sentido de Kuhn, seguramente *realizaram uma "mudança* substancial" no conhecimento histórico. A "historiografia normal", dominante no início do século XX, não correspondia mais à realidade histórica que aparecia. Havia uma distância excessiva entre história efetiva e conhecimento histórico, o que produziu uma "crise" do conhecimento histórico. Novos problemas se impuseram, então, à pesquisa, e as maneiras "normais" de formular enigmas e solucioná-los falharam duplamente: (a) não se era capaz de formular esses problemas-enigmas; (b) quando se conseguia fazê-lo, os hábitos, os valores e os instrumentos "normais" não sabiam solucioná-los. Fundamentalmente, a concepção do tempo histórico da história normal da época não era adequada aos desafios postos pela história efetiva e estava ultrapassada pelo próprio desenvolvimento do conhecimento da sociedade, marcado pelo recente aparecimento das ciências sociais. O tempo histórico da historiografia tradicional ainda estava sob a influência de certa filosofia, mesmo quando pretendia ser científico, e ignorava o evento intelectual da passagem do século: a perspectiva das ciências sociais.

Distantes da realidade histórica e defasadas epistemologicamente – portanto em "crise" – as instituições históricas enfraqueceram-se e tornaram-se alvo fácil das novas ciências sociais, então mais próximas dos novos problemas e das novas soluções. As ciências sociais estavam adaptadas à nova realidade social e, ao mesmo tempo, excluídas das instituições de ensino e pesquisa sociais, que a história tradicional controlava. Houve, então, uma "luta", o que poderia confirmar, talvez, a hipótese de uma revolução científica, dos cientistas sociais contra os historiadores tradicionais. Aqueles queriam que estes revissem todo o seu método de abordagem da realidade humana. Pode-se verificar, aqui, a situação de "confronto de paradigmas" que Kuhn considera como constituidora de uma revolução científica. As ciências sociais eram capazes de pôr os novos problemas e de solucioná-los com os seus métodos novos, enquanto a história normal estava inteiramente alheia às novas condições da história efetiva e do seu conhecimento. Nesse confronto, só havia dois caminhos para a História: ou mantinha sua velha forma e perdia seu espaço institucional para os novos paradigmas das ciências sociais, ou adotaria esses paradigmas, "traduzindo-os" para o discurso especificamente histórico. O confronto de paradigmas inclui, aqui, três atores: os historiadores tradicionais, os cientistas sociais e os historiadores que vão aceitar as propostas destes.

A revolução no conhecimento histórico começará no exterior da disciplina, para se tornar, depois, interior. Sob o impacto das ciências sociais, a comunidade de historiadores se dividiu: havia os que defendiam o método histórico tradicional, com seus valores e pressupostos, e os que aderiram ao novo ponto de vista das ciências sociais. A luta interna e a história efetiva darão "razão" ao lado que assumiu o ponto de vista das ciências sociais. Os *Annales* da época aboliram, de certa forma, a história tradicional. Eles passaram a praticar todos os procedimentos que a história "normal" interditava, destruíram suas velhas crenças, previsões e preconceitos, mudaram até mesmo a concepção de "ciência histórica". A história renovada lançava novo olhar sobre a pesquisa histórica, sobre seus instrumentos, objetos e objetivos. A história normal rejeitada, um novo mundo histórico se desenha: os *Annales* significaram um "progresso", no sentido das revoluções científicas de Kuhn, não em direção à "verdade" da história, mas a uma compreensão mais detalhada do processo histórico, mais ampla e que incluía, dando-lhe outro significado, a compreensão anterior. A história normal, abolida, prosseguia ainda no interior dos *Annales*, através do método crítico que ela aprimorou, mas sob novo olhar. O que veio dela tornou-se outra coisa, tomou outro significado. Nesse sentido, pode-se falar de uma "descontinuidade", de uma "mudança substancial" do conhecimento histórico, realizada pelos *Annales*. Burke afirma que esta *French Historical Revolution* se realizou e se consolidou através da contribuição interdisciplinar, para ele, "um fenômeno sem paralelo na história das ciências sociais [...] A disciplina histórica não será jamais a mesma" (1990, p. 111).

Tendemos, portanto, a discordar de Glénisson quando ele afirma haver uma continuidade na historiografia francesa desde cem anos, embora estejamos prontos a admitir que, apesar de ter havido uma "mudança substancial", não houve uma descontinuidade total, pois a nova perspectiva, ao mesmo tempo que alterava, incluía a perspectiva anterior. Essa descontinuidade produzida pelos *Annales* é descrita por Le Goff como uma "metamorfose na memória coletiva dos homens, segundo outra duração, outra concepção do mundo e da sua evolução" (1988, p. 24). Le Goff revela, finalmente, a hipótese maior que gostaríamos de sustentar: os *Annales* produziram uma "descontinuidade", realizaram uma "mudança substancial", porque apresentaram, sob o signo das ciências sociais, outra concepção do tempo histórico, outra noção de duração e de conhecimento da duração. E, quando se discutem paradigmas em história, a questão que nos parece central é: houve alteração no coração da história, isto é, na concepção do tempo histórico? Se houve, trata-se de outra história. Uma mudança na concepção do tempo histórico tem como consequência a alteração de toda a pesquisa, de todo o olhar do historiador. Nossa hipótese, portanto, é a de que os *Annales* realizaram a elaboração de uma nova concepção do tempo histórico e, por isso, criaram outra história (cf. REIS, 1994a). Entretanto, apesar de fazer aquela formulação anterior, que apontaria na direção da afirmação de um paradigma dos *Annales*, Le Goff é um dos que, junto com Braudel, define a unidade dos Annales por um "espírito". Os *Annales*, segundo ele, "formam um meio relaxado e aberto, não tendo formado no passado uma escola – é um espírito, uma orientação, uma tendência" (REIS, 1994a, p. 12; REIS, 2000).

Além de Braudel e Le Goff, outro analista, Iggers, considera que os *Annales* não podem ser analisados a partir do conceito de paradigma, de Kuhn:

> [...] embora a reorientação nos estudos históricos tenha sido profunda, o conceito de "revolução científica", de Kuhn, não se aplica aqui. Nenhum novo paradigma teria emergido [...] Antes, no lugar de "um paradigma" teriam emergido vários paradigmas, cada um apresentando um modelo de pesquisa que visa oferecer mais cientificidade para uma comunidade de historiadores e cada um ligado a certas noções gerais sobre a natureza da realidade histórica, que refletem as divisões ideológicas, sociais e políticas dentro da comunidade de historiadores dos Annales. (1984, p. 31)

Iggers e Revel parecem raciocinar na mesma direção. Para eles, a história sob a influência das ciências sociais tornou-se eclética e pluralista. Seria difícil encontrar um denominador comum para os novos historiadores, assim como é fácil encontrá-lo para os do século XIX. Diferentes concepções sobre o que constituiria os objetos e métodos da "história como ciência social" fundamentavam os vários subgrupos no interior do grupo dos *Annales*, refletindo interesses cognitivos e ideológicos diferentes. Para Burke, se consideramos o movimento dos *Annales* em uma perspectiva global, podemos percebê-lo como um conjunto de paradigmas e não como "o paradigma" da construção histórica. Esses paradigmas possuem limites que outras formas de produção histórica podem ultrapassar: "A contribuição dos *Annales* pode ser profunda, mas é também extremamente irregular" (1990, p. 107).

Nesse caso, então, evitemos o conceito de paradigma no sentido filosófico do termo, mas guardemos o seu sentido sociológico. Evitemos, também, a ideia vaga do espírito dos *Annales*. Falemos, então, de "programa dos *Annales*", como propõe Burguière (1979, p. 1350-1).

A ideia de um "programa" não invalida a descrição que fizemos anteriormente da "revolução dos *Annales*" nos termos de Kuhn. Propomos que se tomem aqueles termos fora da perspectiva de Kuhn, isto é, não como conceitos, mas como expressões comuns. A historiografia tradicional pode ser chamada de "história normal" no início do século; a "mudança substancial" que o programa dos *Annales* realizou pode ser chamada de revolução científica e a "luta" que exigiu a implementação desse programa pode ser descrita como "confronto de paradigmas", em um sentido menos preciso do termo. De 1929 a 1990, os *Annales* passaram por várias fases, renovaram o questionário proposto pelos fundadores, mudaram as condições da pesquisa e estabeleceram novas alianças com as ciências sociais, mas mantiveram-se fiéis ao "programa" dos fundadores. Essa fidelidade não se traduziu em uma repetição, mas na renovação constante da pesquisa e na abertura da história às necessidades do presente. O programa proposto pelos fundadores consistia fundamentalmente no seguinte: a interdisciplinaridade, a mudança dos objetos da pesquisa, que passavam a ser as estruturas econômico-social-mental, a mudança na estrutura da explicação-compreensão em história, a mudança no conceito de fonte histórica e, sobretudo, embasando todas as propostas anteriores, a mudança do conceito de tempo histórico, que agora consiste, fundamentalmente, na superação estrutural do evento. Esse programa foi praticado de forma criativa e original pelas três gerações. A terceira geração levou-o às últimas consequências e, hoje, toca os seus limites e perigos. Mais recentemente, os *Annales* se definiram assim:

> liberar os saberes [...] aí reside a fidelidade às ambições que pertencem à revista desde que ela existe. Quanto ao mais, é o projeto do momento que é constantemente redefinido [...] O papel que pretendemos manter: nem escola, pois são grandes

os riscos simétricos para se tornar "capela" ou instituição, nem "caixa de correio", mas lugar de experimentação. (1989)

Como esse programa se alterou "face ao vento e aos eventos da história"? Como foi mantido e renovado durante as três fases do grupo dos *Annales*? Julgamos necessário tematizar alguns pontos desse programa para percebê-los ao longo de sua história.

A INTERDISCIPLINARIDADE: HISTÓRIA E CIÊNCIAS SOCIAIS; HISTÓRIA-CIÊNCIA SOCIAL

A partir das posições arroladas anteriormente, de membros do grupo e de analistas dos *Annales*, a partir do seu simples confronto e dos comentários que procuramos realizar, pode-se concluir que a mudança fundamental que os *Annales* produziram foi a adesão ao ponto de vista das ciências sociais. Mas quais seriam os termos dessa adesão? Como deveria se dar a relação entre história e ciências sociais? Essa questão não foi tematizada com rigor pelos *Annales*, o que levou a mal-entendidos entre historiadores e cientistas sociais e a um uso selvagem, pelos historiadores, das ofertas das ciências sociais. Recentemente, quando a interdisciplinaridade se tornou ameaçadora para a história, os *Annales* procuraram repensar as relações entre história e ciências sociais, revisão que poderá chegar a resultados inesperados. Mas a questão é: o que significa "teoricamente" a interdisciplinaridade proposta pelos *Annales*?

Para Foucault, a história é a primeira das ciências humanas. Foucault vê, entre história e ciências sociais, uma relação estranha, indefinida, mas fundamental, que não seria somente uma relação de vizinhança em um espaço comum. A história seria, para as ciências humanas, uma relação perigosa e ameaçadora. A cada ciência humana, ela dá um pano de fundo, um solo, fronteiras, limites de validade, arruinando sua pretensão de universalidade. A história revela o caráter temporal dos homens, sobre os quais as ciências humanas tendem a constituir um saber sem idade. A história, para Foucault, revela às ciências humanas a dimensão da "duração", mostra-lhes a lei do tempo como o seu limite exterior. Foucault parece ter razão e revelar mesmo o que pretenderam os *Annales*, quando se associaram às ciências sociais: adotar o seu ponto de vista, emprestar-lhes objetos, instrumentos, métodos e oferecer-lhes a dimensão do tempo, que limita a validade de seus modelos e dos resultados de suas pesquisas pelo estabelecimento da "duração" de seus objetos e saberes. Talvez o sentido "teórico" da interdisciplinaridade dos *Annales* lhes tenha sido revelado por esse "filósofo-historiador" (Foucault, 1966, p. 378-85).

Mas, a partir desse mesmo filósofo, pode-se pensar as relações entre história e ciências sociais de outra maneira, e ainda revelando o "programa dos *Annales*". Foucault considera que as ciências humanas, pertencendo à episteme moderna, possuem nela um lugar especial: existem nos interstícios do triedro de saberes que a constitui: Matemática/Biologia-Economia-Filologia/ Filosofia. As ciências humanas, circulando entre esses saberes, tomam-lhes emprestado métodos, técnicas, objetos e conceitos. A hipótese que faríamos derivar dessa seria: a história não ocuparia um lugar semelhante entre as ciências sociais? A história que os *Annales* pretendem praticar não circularia nos interstícios das ciências sociais, tomando-lhes emprestado também métodos, técnicas, objetos e conceitos, assim como a história tradicional teria circulado nos interstícios da filosofia, da teologia, da literatura e das técnicas eruditas? No lugar que ocupam no pensamento de Foucault, as ciências humanas são um "metaconhecimento" do triedro dos saberes que constituem a episteme moderna; os *Annales* poderiam ser um metaconhecimento das ciências sociais – posição, assim como a das ciências humanas lá, privilegiada e perigosa. Privilegiada, pois pode usar um volume inesgotável e rico de saberes; perigosa, pois pode destruir-se, fragmentar-se e perder sua identidade. No início do século, a história descobre, pelas alianças com as ciências sociais, os privilégios e as riquezas deste lugar intersticial. Atualmente, a história conhece o lado perigoso deste lugar: a fragmentação, a dissolução, a perda da identidade: "Entre História e Ciências Sociais", o novo subtítulo da revista adotado desde 1994 já ergueu uma *muralha-vírgula: Histoire, Sciences Sociales.*

Com Bloch, Febvre e Braudel, o encontro com as ciências sociais foi vivido em meio à euforia. A sociologia, a geografia humana, a economia, a demografia, a psicologia enriqueceram de tal maneira os *Annales* que até se pensou que a história tinha encontrado seu método definitivo e caminhava rapidamente em direção a um conhecimento exato. E, de fato, de 1929 a 1970, as relações com essas ciências trouxeram os resultados mais significativos para a história. A história econômica, com Simiand e Labrousse e seus seguidores, chegou a resultados impressionantes pela qualidade das obras; a história econômico-social, a partir de Bloch, obteve o mesmo sucesso; a história das mentalidades, antropológica, após Febvre e Bloch, também teve o mesmo desdobramento positivo. Nessas alianças, a história seguia tantas orientações quantas tinham cada ciência com a qual se associava. O que unificava essas tendências era um ponto de vista comum, o das ciências sociais: estudo de massas, coletividades, separação do sujeito do seu objeto, a superação do evento pela abordagem estrutural, a ênfase em fatos repetitivos, comportamentos constantes, o uso de fontes seriais, a quantificação, o estudo de causas impessoais. Os *Annales* tendiam à "sociografia", à "econometria", à "demografia", à "etnografia".

Em Febvre e Bloch, a defesa da interdisciplinaridade se baseava na proposta de renovação da história feita por Simiand. Inspirava-se nela, mas diferenciava-se dela. Para Simiand, a unidade entre história e ciências sociais poderia se dar pela adesão da história ao "método comum" das ciências sociais; para Bloch e Febvre, a interdisciplinaridade poderia se dar pelo "objeto comum" à história e às ciências sociais: o homem social (REVEL, 1979). A "troca de serviços" seria necessária para que, olhando um mesmo objeto sob perspectivas particulares, se pudesse chegar a uma visão mais global e detalhada dele. Esse objeto comum é que exigia a interdisciplinaridade, a pesquisa coletiva. A partir dessa orientação de Febvre e de Bloch, a história fez alianças com as mais importantes das ciências sociais e ampliou o seu campo de pesquisa audaciosamente. Hoje, ela pretende estender suas alianças às ciências naturais, às ciências da vida e até às matemáticas. No número 6 da revista dos *Annales*, de 1989, novas alianças foram propostas: com o Direito, com as ciências da organização e novas relações com a Sociologia. Aquela foi a fase longa, aliás, pois durou mais de 60 anos – em que a história se aproveitou do lado privilegiado das suas relações complexas com as ciências sociais. Hoje, os *Annales* vivem o lado perigoso dessas relações. Não há mais unidade de método nem unidade de objeto: a descontinuidade domina as ciências sociais e a história. Da proposta da história global ou da tentativa de desenhar um quadro global do homem com o apoio das ciências sociais, a história, hoje, pesquisa unidades parciais, locais. A interdisciplinaridade levou à multiplicação de pesquisas particulares e localizadas, cujos resultados são irreconciliáveis, incomparáveis, paralelos. A história, diz-se, fragmentou-se em infinitas histórias de... que não convergem para aquela anunciada visão global do homem social (LES ANNALES, 1989).

Essa situação de divergência infinita da pesquisa e os resultados dos *Annales* foram tematizados pelo editorial do número 2 da revista, de 1988. A história vivia, segundo o editorial, uma vitalidade anárquica e as ciências sociais estariam em crise. Os *Annales* consideravam ser o momento de se repensar a interdisciplinaridade tal como a propuseram os fundadores e como a praticaram os seguidores até então. Até aquele momento, a interdisciplinaridade fora entendida como o direito que o historiador tinha de atravessar as fronteiras das ciências sociais e aproveitar-se de suas ofertas. Mas a história se perdeu nos objetos e nos problemas das ciências sociais, parece ter perdido a especificidade do seu olhar próprio, e hoje a interdisciplinaridade é uma ameaça para a história, à sua identidade enquanto história. O que ela fará diante desse perigo? Vislumbramos duas possibilidades: ou ela prossegue vertiginosamente em suas alianças, e a ameaça de autodissolução, de fragmentação em partículas minúsculas, agrava-se, ou aceita rediscutir suas recusas de base e tenta reencontrar, sob novas bases, a narrativa, o evento, a história política, o sujeito, a consciência, a influência da filosofia. Assim, talvez, combinando o ponto de vista das ciências sociais com o ponto de vista de uma "filosofia da consciência" ressurgente, a história pudesse ao mesmo tempo recuperar certa tradição e incorporar suas novas conquistas. Entretanto, Febvre formulava melhor o que deveria ser o caminho dos *Annales*, que vale também para este *tournant critique* atual:

> [...] a uma disciplina que se organiza ou se reorganiza não convém impor de fora direções proféticas. Deixemo-la fazer suas experiências, suas escolhas. Não tentemos lhe traçar programas [...] que a embaraçariam ou talvez a incomodariam em sua marcha e seriam prontamente desmentidos pelos fatos [...] Da tendência da história para outros objetivos, outras realizações, nós podemos falar. Do julgamento de seus sucessos ou fracassos, a vida decidirá. (FEBVRE, 1965, p. 438)

Para praticar a interdisciplinaridade, os *Annales* precisaram elaborar nova compreensão do tempo histórico. Sob a influência das ciências sociais, a perspectiva da simultaneidade, ou melhor, da não mudança entrou, articulando-se à perspectiva da mudança, na pesquisa histórica. Se tal construção do tempo histórico não fosse elaborada, história e ciências sociais teriam permanecido estranhas uma às outras (REIS, 1994a e 2000).

NOVOS OBJETOS:
ECONOMIAS, SOCIEDADES, CIVILIZAÇÕES

Tendo incorporado o "ponto de vista" das ciências sociais, os *Annales* recusaram os objetos da história tradicional e criaram outros. Os objetos do conhecimento recusados: a política, as relações exteriores dos Estados nacionais, as suas guerras e a biografia de seus grandes líderes. Os *Annales* recusaram, fundamentalmente, a história política, que era a história a serviço dos Estados nacionais: seus heróis, suas batalhas, sua diplomacia, suas pretensões imperialistas. Febvre critica a preferência positivista pelo político: "Política primeiro! Não há só Maurras para dizê-lo [...] Nossos historiadores fazem mais do que dizer: eles o aplicam" (REIS, 1994a, p. 71-2).

A história política encarnaria, portanto, todas as recusas ideológicas e epistemológicas dos *Annales*. De tal maneira que, recusando-a, os *Annales* definirão o seu próprio programa. A história política era psicológica, elitista, biográfica, qualitativa; visava ao particular, ao individual e ao singular; era narrativa, ideológica, partidária. Era a história das "ações conscientes" dos "grandes indivíduos", que realizavam seus "grandes feitos" dentro do Estado: "Em uma palavra, ela é *événementielle*" (JULLIARD, 1974, p. 229). A história política tradicional estava ligada aos nacionalismos do século XIX e ao predomínio da Europa no mundo.

No início do século XX, uma nova realidade histórica aparecia: a Europa não era mais o centro do mundo. Não se falava mais de "a civilização", mas de "civilizações", e o capitalismo expandiu-se por todo o Ocidente. As preocupações deixaram de ser de ordem política e passaram a ser de ordem econômico-social; deixaram de ser da ordem do singular e individual, para se tornar da ordem das massas e do quantitativo. Adotando o ponto de vista das ciências sociais, os *Annales* enfatizarão – embora com atraso em relação à história efetiva, pois em 1929 houve só um despertar e será somente a partir de 1946 que ela realmente se imporá – os condicionamentos econômico-sociais das ações e das decisões individuais; a sociedade global e as massas; as condições materiais e não os projetos ideológicos, que ela tratará pela quantificação serial; a comparação, a análise conceitual e a neutralidade ideológica, bem como a "longa duração" e a pluralidade dos tempos. A história visará antes àquilo que os homens não sabem que fazem, e não mais a seus planos declarados, a suas causas edificantes, a suas crenças libertárias.

Os *Annales* tiveram três nomes. Na primeira fase da revista, os novos objetos que apareceram estão relacionados às alianças da história com a economia, a sociologia, a geografia e a demografia. Entre 1929 e 1946, encontram-se artigos sobre os seguintes temas: o preço do papiro; a atividade industrial na Alemanha; o problema da população na URSS; as finanças da guerra de Alexandre, o Grande; os bancos da época moderna; as fortunas da Roma Republicana; a industrialização nos EUA; o comércio do século XVI; a Revolução Russa e o problema agrário; os operários na Índia; a Hanse; a Bolsa de 1789; a indústria nos séculos XVII e XVIII; a história dos negócios; as artes e as ciências, a exploração das florestas e os conflitos sociais; a União Europeia: problemas geográficos e econômicos; o ouro na Idade Média; os bancos ingleses e a crise; a crise bancária nos EUA; a história social romana; a história urbana; os transportes marítimos; o fascismo e o sindicalismo; a estrutura social na Líbia e na Síria; as finanças e a colonização; a história rural; o calvinismo e o capitalismo em Genebra; a crise dos partidos socialistas; a história das técnicas; a Revolução Industrial inglesa; a gênese do sistema capitalista; as paisagens agrárias; as questões europeias e africanas, a família; as cidades francesas; a economia japonesa; os problemas da Ásia; o movimento dos preços e a Revolução Francesa; a noção romana de propriedade; a Alemanha e o nazismo; a coletivização agrícola na URSS; o trabalho servil no Brasil; os ofícios e as confrarias...

São temas ainda atuais nos anos 2000 e que impressionam pela variedade de perspectivas, pela abertura ao mundo e aos seus "tempos múltiplos". Fala-se de nazismo e fascismo, mas pouco sobre guerras mundiais, é preciso notar. Prefigura, nessa primeira fase, o desdobramento futuro da "escola": já se fala de demografia, urbanismo, família, União Europeia, história das técnicas, crise do socialismo, bancos e história financeira. A ênfase recai sobre assuntos econômico-sociais e geoistóricos.

A partir de 1946, a revista mudou de nome e ganhou outro campo de objetos de "experimentação": "civilizações". Os temas econômico-sociais permanecem. Braudel procurou definir o conceito de "civilizações" em seu manual *Grammaire des civilisations* (1987). Segundo ele, esse conceito é pouco nítido, como todo o vocabulário das ciências humanas, e seria ainda mais perigoso do que conviver com a imprecisão de querer vencê-la por definições peremptórias. Esse conceito variou de um país a outro. Sua origem parece estar no século XVIII, na França, e está ligado à linguagem jurídica, com o significado de tornar civil um processo criminal. Depois, passou a significar o oposto de barbárie; primitivo, arcaico. Posteriormente, confundiu-se com outra palavra, "cultura": para uns são sinônimos; para outros, "cultura" refere-se aos valores morais, espirituais, e "civilização", às conquistas materiais. Há ainda os que consideram "civilização" a totalidade de uma sociedade: valores morais e materiais em interação. Mais recentemente, e dentro do espírito dos *Annales*, a palavra "civilização" perdeu a conotação de progresso singular da humanidade em direção à "civilização" melhor, justa e livre, e adquiriu uma pluralidade de direções: "a civilização" tomou-se "civilizações".

Para Braudel, enfim, o conceito de civilização depende do olhar de cada ciência social. Em suas alianças com as ciências sociais, a história compreenderá esse termo de acordo com o olhar particular de uma ou outra ciência social. Surgida sob a influência da geografia, a geoistória localizará em um mapa as civilizações. Elas serão situadas em um espaço e caracterizadas por um território, um relevo, um clima, uma vegetação, uma fauna. Nessa relação, os homens recebem do meio ambiente algumas vantagens, como rios, mares, oceanos, terra fértil, e certas desvantagens como isolamento, deserto, relevo acidentado. Desafiados pelo meio, os homens realizam seus feitos: irrigam o solo, utilizam o vento, etc. Cada civilização é ligada a um espaço mais ou menos estável, que constitui um lote de possibilidades e de dados. Resultado da aliança com a sociologia, a história social considerará como "civilização" a estrutura social mesma, mas sem confundir "civilização" e "sociedade": para a história social, a civilização possui um tempo mais longo, que ultrapassa o de uma realidade social dada. O historiador social articula mudanças sociais em civilizações-sociedade de longa duração. Aliada à psicologia coletiva, a história considera as civilizações como mentalidades coletivas, que se transformam com lentidão e de forma inconsciente: são medos inconscientes que condicionam a ação e as decisões conscientes. Surgida da aliança com a economia, a história econômica tratará das civilizações enquanto conjunto de dados econômicos, tecnológicos e demográficos: uma civilização se ligaria a um conjunto de condições econômico-demográficas. Unida à antropologia, a etno-história tratará dos traços culturais de cada civilização: uma civilização é, então, uma "área cultural" que pode ser decomposta em áreas menores, que lhe pertencem. A civilização ocidental, por exemplo, é uma "área cultural" que compreende realidades distintas: EUA, Europa, América do Sul; dentro da Europa, há uma série de subáreas culturais. Esses espaços culturais são mais ou menos estáveis, mas recebem e exportam bens culturais. Suas fronteiras nítidas não impedem a troca de técnicas, ideias, arte e cultos.

Portanto, segundo Braudel, o olhar específico do historiador sobre as civilizações, o olhar que considera a longa duração e os tempos articulados, varia condicionado pela ciência social à qual a pesquisa histórica se associa. O historiador estuda esses objetos oferecidos pelas outras ciências sociais – relação homem/meio; estrutura social, econômica, demográfica, mental; áreas culturais –, mas segundo a perspectiva histórica, isto é, a "dialética da duração" (REIS, 1994a). Poder-se-ia dizer, talvez, que o objeto dos *Annales* se define pelo conceito de civilizações, que seriam os objetos das outras ciências sociais e pela perspectiva histórica do tempo longo. Enquanto as ciências sociais tratam desses objetos sem a perspectiva temporal, os historiadores os põem em seu tempo longo. Para as sociedades e as economias, para os mil eventos e para a vida breve, as civilizações parecem imortais. Tomá-las como objeto, para Braudel, oferece vantagens e desvantagens: por um lado, positivo, o historiador é obrigado a pensar a diferença entre o presente e o passado; por outro, negativo, ele corre o risco das generalizações das filosofias da história, de uma história mais imaginada do que realizada. Por isso, Braudel insiste: para se compreender uma "civilização", uma longa duração nas áreas geográfica, social, econômica, demográfica, cultural, mental, é preciso partir de casos concretos e chegar a "civilizações concretas".

Entre 1946 e 1968, os temas econômico-sociais continuam, é claro, uma presença forte na revista, mas os temas demográficos e as civilizações adquirem maior destaque. São estes alguns dos temas dos muitos números da revista: as moedas e a civilização; o desenvolvimento econômico dos EUA após a Guerra; a miséria e o banditismo; a propriedade eclesiástica; a crise econômica na França no século XVI; a Revolução Industrial e a crise do "progresso"; a Revolução Francesa no mundo; a evolução da *haute coiffure* parisiense; as reflexões sobre o equilíbrio demográfico; a educação nazista; as migrações francesas; a América Latina; a demografia e as migrações; a Idade Média e a história estatística; a morte na história; a França rural; os movimentos de preços e salários; o Estado jesuíta na América Latina; os milagres no Brasil; a psicanálise e a história; a história do navio; a Igreja russa; o Islã e a África do Norte; a América pré-colombiana; o problema racial, os doentes e as doenças no século XVIII; a história e a estrutura; o século XVIII em Cuzco...

Em 1968/1969, os *Annales font peau neuve, une fois de plus*. Os novos objetos, oriundos das alianças com a economia, a sociologia, a geografia, a demografia, continuam presentes, mas a nova aliança com a antropologia ampliará enormemente o campo dos objetos históricos. Os novos temas: prosopografia e história social; história do meio ambiente; história do clima; história da arquitetura, sinal e representação; espaço masculino e espaço feminino; mitos arianos; história psicanalítica; França pré-histórica; burlesco e linguagem popular; China clássica e atual; revoltas populares; África negra; fortuna privada; sobrevivências feudais; história rural; história da alimentação; feiticeiros; usos sociais do corpo; utopias; mito e história; literatura popular;

discurso iluminista; pensamento selvagem e aculturação; modas e costumes; epistemologia e história; história das ideias; história das ciências; América Latina; vida e morte através da arte; alquimistas; místicos; urbanização; prisões; abandono de crianças; história do PCF; educação de crianças; gestos, imagens e sons; linguagem e representação; família e sociedade; costumes e heranças; casamento e adultério; vida sexual e casamento tardio; migrações árabes, carnaval, mentalidade monástica, catolicismo e engajamento social; fecundidade, representações e atitudes; história da história, conflitos religiosos; médicos e notáveis; hospital, obstetrícia popular; heresias; segurança urbana; clima e economia; alfabetização; capitalismo e agricultura; rituais da agressão; corpo feminino; recrutamento de altos funcionários; feiras e mercados; opinião pública; camponeses e operários; incesto; Aids; fascismo e nazismo; estruturas de poder; e imaginário social...

O que se percebe nessa lista de temas tratados pelos membros e colaboradores da revista, em suas três fases, é: (a) as diversas alianças que a história fez com as ciências sociais em cada uma de suas fases; (b) a imensa ampliação do campo de pesquisas do historiador; (c) a influência do presente na tematização do passado e até mesmo sua presença como tema; (d) o desaparecimento da história política; (e) o "desengajamento político-partidário" da história dos *Annales*. A dimensão política foi recusada por ser da esfera da consciência e da vontade, o que é concebido como mero reflexo da ação mais fundamental das forças econômico-sociais e mentais. Entretanto, já em 1974, os *Annales*, ou pelo menos alguns dos seus membros, percebiam o equívoco dessa recusa. Julliard, em um artigo na obra coletiva dirigida por Le Goff e Nora, *Faire de l'histoire*, previa o "retorno do político":

> [...] esta situação não pode mais durar [...] o político, como o
> econômico, o social, o cultural, o religioso, se adapta a abor-

dagens as mais diversas, inclusive, as mais modernas [...] e já é tempo de aplicá-las a ele" (1974, p. 229-30).

Para Julliard, confunde-se, na recusa do político, método e objeto. Mas não existiria, ele insiste, uma natureza própria aos fenômenos políticos que os aprisionasse no factual. O político retoma, certamente, em consequência do crescimento do seu papel nas sociedades modernas. Passou-se, hoje, de uma economia toda regulada pelo mercado para uma economia planificada, fundada sobre a previsão e definição de objetivos, o que dá lugar a escolhas e alianças políticas. As estruturas econômico-sociais não atuam mais sozinhas, elas ganharam uma direção. Também na esfera demográfica passou-se do crescimento espontâneo ao planejamento dos nascimentos e à assistência à saúde. Hoje, fala-se de política econômica, de política demográfica, de política cultural. Além disso, prossegue Julliard, os meios de comunicação de massa oferecem grande quantidade de eventos e politizam o seu consumo, pelo simples fato de torná-los mundialmente públicos. A política assim modificada, ligada ao advento das massas e ao planejamento dos grandes setores da sociedade, não está ligada aos grandes indivíduos e ao Estado como único centro de iniciativas. Há, agora, sindicatos, grupos de pressão, empresas, um Estado burocratizado. A história política não será mais moral e psicológica, mas sociológica e praxiológica. E, finaliza Julliard, poderia haver inteligibilidade da história sem referência ao universo político? Ao contato com a ciência política, o Direito, pode-se fazer uma história política dentro dos parâmetros dos *Annales*: estudos políticos de longa duração, quantitativos, seriais, comparativos, e não mais narrativos, mas problematizantes. Uma história do poder e de sua distribuição em uma rede de micropoderes, como propõe Foucault, em que o Estado seria apenas um caso particular dessa história e não toda a história política. É mais um fantasma dos *Annales* que retorna sob novas condições.

Pomian vai mais longe: ele fala de um retorno das "nações", após a desagregação inesperada do império soviético.

Nos anos 1970, Braudel publicou sua segunda grande obra, também em três volumes, sob o título *Civilisation matérielle, économie et capitalisme*, marcante para a terceira geração dos *Annales*. Nessa obra, ele apresenta um novo objeto para o historiador, de conceituação difícil: "civilização material". Na primeira edição, de 1967 (que incluiu apenas o primeiro volume), Braudel tentara definir essa nova área a ser explorada assim:

> [...] por todo lado, ao rés-do-chão, apresenta-se uma vida material, feita de rotinas, heranças, sucessos antigos [...] a expressão "vida material" designará de preferência os fatos repetidos, procedimentos empíricos, velhas receitas, soluções vindas da noite dos tempos, como a moeda ou a separação das cidades e do campo. Uma vida elementar que entretanto não é inteiramente sofrida, nem imóvel; tem suas acelerações, às vezes suas surpresas; novas plantas, técnicas que se aperfeiçoam, se difundem. (1967)

Em 1979, na reedição do primeiro volume e edição das duas outras partes, ele define essa região do social como

> [...] uma zona de opacidade, freqüentemente difícil de observar pela falta de uma documentação histórica suficiente, que estende-se abaixo do mercado; é a atividade elementar de base. que se encontra por toda parte e tem um volume fantástico. Esta zona espessa, ao rés-do-chão, eu a chamei. na falta de termo melhor, "vida material" ou "civilização material". (v. 1, p. 8)

Esse termo impreciso, mas compreensível, inclui a história das técnicas, a economia informal, de subsistência, da troca de produto local, do contrabando; as relações do homem com a natureza, a ecologia, a vida cotidiana, a habitação, a alimentação, o vestuário, as ferramentas, os ofícios. Todas as atividades pequenas, repetidas, irrefletidas, "sem importância", isto é, sem repercussão mais ampla e que, no entanto, estão na base da vida social, constituindo seus alicerces materiais. A vida material não possui o cálculo, a racionalização, a estruturação, a sistematização e o tempo rápido da vida econômica e social dos "andares superiores", da economia de mercado e da especulação capitalista. A vida material é feita de *fait-divers* e não de eventos: gestos, palavras, produção e consumo, técnicas e culturas centenárias. Esse novo objeto veio trazer mais clareza ao esforço dos *Annales*, e de Braudel em particular, no sentido de atingir as camadas profundas, inconscientes, que sustentam as atividades conscientes dos homens.

Enfim, aliando-se às diversas ciências sociais, os historiadores dos *Annales* encontraram um novo campo de pesquisas, enorme e diversificado. Mas só puderam empreender tais pesquisas porque construíram outra concepção do tempo histórico. Caso contrário, esses objetos teriam continuado invisíveis e inabordáveis.

A ESTRUTURADA EXPLICAÇÃO-COMPREENSÃO EM HISTÓRIA: HISTÓRIA PROBLEMA E/OU HISTÓRIA GLOBAL?

Ao adotar o ponto de vista das ciências sociais, a história se quis "ciência". Qual seria, no entanto, o conceito de ciência dos *Annales*? Ao longo das três fases de sua história, as posições dos membros do grupo sobre essa questão variaram. O conceito de ciência do século XIX era definido pela relação que se concebia que as ciências humanas e naturais mantivessem. Aplicado à sociedade, o modelo nomológico diminuía a linha de separação entre ciências sociais e naturais. Os positivistas procuravam as leis da evolução social; os neopositivistas deixarão de lado esse evolucionismo, mas ainda procurarão leis, regularidades semelhantes às da física. Para eles, a lógica das ciências naturais não é incompatível com a lógica das ciências sociais. Sociedade e natureza seriam realidades "duras", "determinadas", "coisas" que se pode abordar empírica e quantitativamente. História e natureza não seriam constituídas de fatos isolados e dispersos, mas seriam "ordens determinadas por leis gerais". De seu lado, o modelo hermenêutico insistia sobre a distinção entre a lógica da ciência da natureza e a da ciência social. A história seria uma ciência de individualidades, com significados e valores, isto é, o oposto da ciência natural. Seu método de conhecimento seria o da "compreensão".

Havia também o modelo marxista, que é marcado pela ambiguidade. Ele se torna um positivismo quando naturaliza a história, submetendo-a às leis necessárias de evolução, e se aproxima da hermenêutica, por exemplo, em Gramsci, Luckács e Korsh, que dão um lugar significativo à consciência. Mas se diferencia desses porque pensa a contradição estrutural da sociedade. Enquanto método de análise, o marxismo procura combinar nomologia e interpretação, quantificação e análise qualitativa, empirismo e conceptualização, objetividade e subjetividade. Nesse sentido, permite uma síntese dos dois modelos de abordagem da história anteriores, o modelo explicativo positivista e o modelo compreensivo hermenêutico. Enquanto estrutural, a análise histórica extrai regularidades do processo histórico, pode analisá-lo empírica e quantitativamente, guardando as exigências do modelo nomológico; enquanto processo, ação dos homens que fazem a história mesmo sem o saber, a análise histórica não poderia se limitar ao empirismo e à quantificação, mas daria lugar à interpretação, à qualidade, o que a aproximaria do modelo hermenêutico. O marxismo, embora seja um método original, poderia ser tratado como um "modelo médio" entre o nomológico e o hermenêutico. É possível, no entanto, realizar ainda outra síntese entre esses modelos extremos, que seria caracterizada assim: nem a generalização excessiva das leis científicas, nem a particularização excessiva da hermenêutica. Para explicar um fenômeno histórico concreto, singular, podem-se utilizar explicações de alcance parcial, limitado. Essa abordagem reconhece a singularidade de cada situação histórica e a possibilidade de encontrar invariantes que a expliquem. Trata-se de outro modelo médio que possui forte parentesco com o modelo dialético marxista, mas se distingue desse na medida em que aquele permanece uma "narrativa de emancipação" e dá importância ao aspecto contraditório das estruturas sociais. Iggers considera a estrutura da "explicação-compreensão" da história dos *Annales* como sendo esse modelo médio: "O círculo dos *Annales* representa em diversos aspectos um tal *middle ground*"(1988, p. 44).

Mas tal modelo médio não seria, na verdade, o modelo weberiano? Os *Annales* parecem dever mais a Weber do que querem admitir. Nos anos 70, Veyne dará muita importância a Weber na constituição de uma "ciência da história", mas ele será minoria no seio dos *Annales*. O "ideal-tipo" weberiano parece incomodar os historiadores por ser "muito formal", "muito sociológico" – um teoricismo. Eles procurarão fazer, supomos, um modelo ainda mais médio: entre o nomológico e o hermenêutico, entre o marxista e o weberiano. O resultado poderia ser descrito assim: a recusa das leis gerais, com a aceitação de regularidades parciais; a recusa da singularidade inefável, com a aceitação da singularidade racionalmente compreensível; a recusa da atividade consciente emancipadora do homem, com a aceitação das estruturas sócio-econômico-mentais; a recusa da formalização, da modelização excessiva, com a aceitação do caráter teórico, problematizante, hipotético e conceitual do conhecimento histórico. Trata-se de um sistema muito complexo e contraditório, mas "inteligível". Difícil de elaborar teoricamente, com toda nuança, mas praticável por um grupo heterogêneo. Percebe-se uma presença alemã considerável na base dessa síntese complexa. Iggers afirma:

> [...] na verdade, a escola francesa dos *Annales* não pode ser entendida sem se considerar a herança da escola histórica alemã. Os 'grandes homens' dos *Annales* liam alemão e Bloch até mesmo estudou na Alemanha. (1988, p. 45)

Essas recusas e aceitações, se temos razão em descrevê-las assim, variarão ao longo da história do "círculo" de acordo com as circunstâncias da história do pensamento e da história efetiva. Aqueles historiadores serão ou mais nomológicos (positivistas) ou mais estruturais (Marx) ou mais teóricos (Weber) ou mais interpretativos (hermenêutica). O grupo é heterogêneo e cada subgrupo ou membro isolado dará uma importância especial a cada um desses modelos. Para Ricœur, os modelos dos *Annales* se aproximam dos neopositivistas quando recusam a narração e querem construir um conhecimento nomológico; por outro lado, diferenciam-se deles por serem mais metodológicos do que epistemológicos. Nos *Annales* a recusa da narração se liga a uma mudança de objeto histórico, enquanto no neopositivismo tal recusa se dá pela explicação histórica de tipo causal. Ricœur (1983, v. 1) situa, enfim, os *Annales*, no modelo nomológico, mas os distingue do positivismo lógico. Entretanto, essa caracterização sobre o que seria um modelo dos *Annales* não passa de hipótese e exercício de pensamento. Como vimos precedentemente, é problemático falar de um "modelo" dos *Annales*, de um paradigma. Na realidade, há paradigmas – cada subgrupo ou membro isolado opta por um ou por outro aspecto dos modelos disponíveis. Além disso, a "explicação-compreensão" dos *Annales* variará segundo a forma de explicação da ciência social com a qual se fez aliança.

Ao longo da história do grupo, certos conceitos situam-se no centro dessa discussão. Os fundadores falam de "compreensão", história-problema, história global; a segunda geração menciona regularidades, quantificação, séries, técnicas, abordagem estrutural; a terceira fase se refere a modelos, invariantes conceptuais, interpretações. Parece haver uma descontinuidade, mas, na realidade, há uma ligação profunda entre a terceira e a primeira gerações, pois as três utilizaram todas as estratégias de conhecimento, desde que o objeto o permitisse. O que variará é a importância, o peso de um grupo de estratégias em cada época. O que faz a ponte entre as três gerações são duas posições fundamentais e permanentes: a adoção do ponto de vista das ciências sociais e a prática da interdisciplinaridade.

Na primeira fase, Febvre concebeu a história como um "estudo cientificamente conduzido" e não como uma ciência, e a queria como reabertura constante do passado. Assim ele descreve a crise vivida pela ciência natural no início do século XX com a Relatividade de Einstein:

> [...] toda uma concepção do mundo afundava de uma só vez, toda a construção, elaborada por gerações de cientistas no curso dos séculos, de uma representação do mundo abstrata, adequada e sintética. Nossos conhecimentos transbordaram bruscamente de nossa razão [...] Era preciso revisar todas as noções científicas sobre as quais tínhamos vivido até então. (1965, p. 31)

A crise da história, nesse período, inseria-se nessa crise geral da ciência, a qual, para Bloch, permitiu à história reivindicar o status de ciência. Constata-se, então, que numerosos fatos escapavam à matemática, à medida. Para apreendê-las, afirma Bloch, era preciso uma grande *finesse de langage*, a justa cor no tempo verbal. Como "empreendimento racional", a história era jovem, mas prometia. A ideia de ciência tinha se tornado mais flexível: ao rigorosamente mensurável se substituía o provável, a relatividade da medida. Bloch conclui: "As ciências humanas não têm necessidade de renunciar à sua originalidade ou ter vergonha dela para ser uma ciência" (1974, p. 29-30).

Febvre, após considerar a crise e a renovação do conceito de ciência, definiu a história como "ciência dos homens, a ciência da mudança perpétua das sociedades humanas" (1965, p. 31); e Bloch, como "ciência dos homens no tempo" (1974, p. 36). Os dois concordam sobre o fato de que essa jovem ciência em construção possuía as características seguintes: a "compreensão", a história-problema, a história global e a renovação das fontes e técnicas. Para eles, o objetivo dos estudos históricos continuava a ser, assim como para a escola hermenêutica alemã, a "compreensão da vida passada". Mas, neles, a *verstehen* é mais weberiana do que diltheyana. Dilthey propõe uma abordagem imediata, direta, intuitiva, empática, participativa pelo historiador do seu objeto. Weber não acreditava em um conhecimento intuitivo e propunha a construção mediata de uma explicação causal das relações singulares e a compreensão das ações pelo estabelecimento objetivo das relações entre meios e fins. Entre Febvre e Bloch começava já a aparecer essa complexidade do paradigma dos *Annales*: Febvre era mais intuitivo, mais diltheyano, mais compreensivo; Bloch é mais explicativo que compreensivo, é mais durkheimiano, mais racional e empirista. Para Bloch, o indivíduo só pode ser "compreendido" na sua estrutura social, que é construída racionalmente, observável empiricamente e explicável causalmente; o objeto do historiador são os homens, suas significações, intenções e ações, que devem ser "compreendidas", mas em seus grupos, em seus modos concretos e repetitivos de comportamento, nas normas sociais. Febvre dará mais importância à consciência, sem, no entanto, separá-la de suas condições globais (*zusammenhang*). Ele é hermenêutico, subjetivista, menos economicista. Bloch estava mais próximo da segunda geração dos *Annales*, enquanto Febvre mantém-se um solitário na "escola" que ele criou.

Na segunda fase, co-habitarão duas tendências de "explicação-compreensão", vindas dos fundadores: a "históriaglobal" de Braudel e a história serial quantitativa dos historiadores econômicos e demográficos, mais próximos da "história-problema". O conceito de história global é confuso, impreciso. Para Stoianovitch, sua proposição foi o resultado de três tendências diferentes nos anos de 1930: a substituição, tanto em física como em biologia, do ponto de vista finalista pelo da totalidade; a tese marxista de um "homem total" e da "sociedade total", segundo a qual a sociedade inteira é presente em cada indivíduo e cada indivíduo é presente integralmente em sua sociedade; a antropologia de Mauss e sua concepção do "fato social total", um fato que está presente em todas as manifestações de uma sociedade e a centraliza, revela-a. Seguindo fielmente os fundadores, Braudel quis produzir uma tal história global. Ele concebeu a totalidade de uma civilização como definida pela articulação de seus três níveis de duração, cuja análise e descrição dariam o quadro global dessa civilização. Braudel pretendeu construir um "sistema de sistemas", uma estrutura suprema – o que estava acima de suas possibilidades e ninguém quis acompanhá-lo, exceto, talvez, Le Roy Ladurie e Chaunu, que tentaram igualmente uma história global.

A partir dos anos 1950, os *Annales* radicalizaram o aspecto estrutural do projeto dos fundadores: a história torna-se maciça, quantificada, orientada para as permanências de duração muito longa, para os dados suscetíveis de uma exploração serial. Após os anos 60, o quantitativo tomou conta de todas as pesquisas e se impôs uma história "estrutural quantitativa", na qual o evento tornou-se repetição, "elemento comparável" em um período de tempo dado. O esforço de totalização existe ainda, mas constata-se que ela é impraticável. O projeto de uma história global foi abandonado e passa-se à ambição de uma história geral. A terceira geração, inspirando-se na análise de Foucault, falará de uma "história geral": elaboração de séries e limites, desníveis, defasagens, especificidades cronológicas e sua articulação em "séries de séries", "quadros seriais" que religariam, hierarquizando, séries particulares. A pesquisa da descontinuidade se impõe sobre a pesquisa da continuidade. Entretanto, mesmo essa história geral, que seria uma continuidade parcial, não pode ser atingida. A história multiplica suas curiosidades, tudo se torna histórico e nada se liga a nada. Resultado: a fragmentação e a especialização extrema do objeto de análise. A história pretendeu ocupar um lugar central entre as ciências sociais, acreditando poder dar uma visão unificadora, total, da sociedade. Mas...

> [...] a idéia de uma história total é inapreensível. Mesmo se ela não reenvia à idéia do século XIX [...] um saber total que abarcaria todas as manifestações significativas do homem em sociedade e que compreenderia a evolução como figuras impostas a uma história da humanidade. Ela traduz simplesmente a ambição de ter, sobre um objeto ou sobre um problema dado, uma perspectiva mais completa, uma descrição mais exaustiva, uma explicação mais global que as ciências sociais das quais ela utiliza conceitos e métodos. (FURET, 1982, p. 11)

Abandonada a história global, abandonada a história geral, a história se fragmenta. A terceira geração descontinua, trai os fundadores? Os mais decepcionados falam de "fragmentação" da história, de "esmigalhamento", querendo dizer com isso o fracasso do projeto dos *Annales*. A terceira geração não soube dar continuidade à obra dos fundadores. A história tornou-se um conhecimento em migalhas, de um objeto fragmentado. Pesquisas particulares que não convergem jamais. Um subsaber sem nenhum interesse. Entretanto, há aqueles que defendem os novos *Annales*, recuperando a proposta da história-problema. O centro do projeto dos *Annales* não teria sido a história total, mas a história-problema: nesse sentido, a terceira geração teria realizado e radicalizado o projeto inicial, pois, hoje, ela problematiza e estuda "tudo" e não mais o "todo". E se cada pesquisa é conduzida racionalmente, com problemas e hipóteses, eles se enriqueceriam mesmo na divergência dos resultados, pois cada pesquisador teria condições de saber o que o outro pesquisador quis realizar, o que ele pôde realizar e por que não realizou o que pretendia ou o que teria de fazer para atingir seu objetivo; sobretudo, o que cada um pode extrair dos resultados dessa pesquisa particular para a sua própria pesquisa. Flandrin afirma, a favor da história-problema:

> [...] quando empreendi pesquisas sobre a história do comportamento sexual, depois sobre o comportamento alimentar, nem em uma nem em outra ocasião pretendi fazer uma história mais completa, mais total [...] eu simplesmente quis abordar como historiador problemas que me interessavam como homem. Porque os historiadores dos Annales me tinham ensinado que todo problema pode ser abordado historicamente. (1987, p. 182-3)

Assim, se os fundadores falaram de história global e de história-problema, a segunda geração procurou realizar os dois projetos, pela geoistória braudeliana e pela história quantitativa dos historiadores econômicos e demográficos; a terceira geração recusará a história global e só atingirá, em uma perspectiva mais pessimista, uma fragmentação extrema da história e, em uma perspectiva mais otimista, a radicalização do projeto inicial da história-problema. Os fundadores propuseram também que a história se constituísse como ciência, apesar do seu conceito particular de ciência. O que obtiveram a segunda e terceira gerações nesse sentido?

A segunda geração, estrutural e conjuntural quantitativista, viveu um momento de otimismo científico. Segundo Noiriel (1989), nos anos 1950, o programa durkheimiano, que tinha sido adotado em parte pelos fundadores, foi radicalmente incorporado por Labrousse e Braudel. A euforia por uma história científica, conceitual, quantitativa e preditiva conduziu Chaunu a propor a história como "disciplina auxiliar" das ciências humanas. Le Roy Ladurie, no fim dos anos 1960, falará de uma história científica, exata, informatizada e formalizada. Os anos 1970 e 1980 mostraram o infundado dessa ambição científica e a terceira geração parece ter definitivamente esquecido essa pretensão. Para Duby:

> [...] eu creio que um livro de história, que a história, enfim, é um gênero literário, um gênero ligado à literatura de evasão [...] mas a diferença entre o romancista e o historiador é que o historiador é obrigado a levar em conta muitas coisas que se impõem a ele; é obrigado por preocupação de "veracidade", mais que de "realidade". Em todo caso, isto não tem nada a ver com a materialidade de seus vestígios: o vestígio de um sonho não é menos real do que o de um passo [...] Eu creio que o imaginário tem tanta realidade quanto o material. (DUBY; LARDREAU, 1980, p. 41)

Ainda para Duby, os discursos históricos que se sucedem não são uns mais verdadeiros do que outros; porém mais ricos, mais fecundos, talvez. O discurso histórico é inevitavelmente subjetivo, o que quer dizer que não se pode ficar tão próximo da realidade. Trata-se de uma construção mental imaginária, de uma "invenção", mas que é preciso procurar fundar sobre bases firmes, vestígios rigorosamente articulados, testemunhos precisos, exatos, na medida do possível. A história é antes de tudo uma arte literária, pois existe concretamente através de um discurso, cuja "forma" é essencial. É difícil para um historiador, considera Duby, admitir que não faz ciência, ele terá sempre a nostalgia da cientificidade. Mas o máximo que um historiador poderá obter é a precisão e a exatidão na documentação, pois o discurso que ele construirá a partir dela será fruto de sua liberdade de espírito:

> [...] a história é no fundo o sonho de um historiador – e este sonho está muito fortemente condicionado pelo meio no qual se banha este historiador. (DUBY; LARDREAU, 1980, p. 49)

Duby considera que a característica principal do projeto dos *Annales*, desde Febvre e Bloch, não é a história global nem a história quantitativa, exata e científica, mas a história-problema. Para ele, Febvre e Bloch renovaram:

> [...] sobretudo lutando pela história-problema [...] Se não resolver, pelo menos pôr problemas. Tal é a "grande história" [...] a "boa história"; a história nutritiva é aquela que põe um belo problema e tenta resolvê-lo. Eis o que faz o valor do evento: permite colocar melhor, abordar melhor um problema. A vantagem do evento é a de ser revelador (DUBY; LARDREAU, 1980, p. 53 e 63)

O que sustentava a "euforia cientificista" da segunda geração era a quantificação serial. A terceira geração reconhecia os limites dessa história serial. Segundo Kula (1960, p. 179-80), haveria mesmo uma contradição entre história serial e longa duração, pois quanto mais uma série se estende no tempo e no espaço, menos ela tenderá a ser homogênea. Na perda da homogeneidade, é-se confrontado com a impossibilidade da comparação, da exatidão, o que compromete o projeto da história científica. A terceira geração reviu a noção mesma de série. Ela se interroga sobre a validade dos cortes implicados no tratamento serial do material histórico; recusa sobretudo a história serial de fatos da mentalidade e das representações intelectuais. A história serial, nesse domínio, seria redutora e reificante, pois supõe que os objetos culturais se dão na documentação repetida, pronta a ser cortada e elaborada tecnicamente. A série foi substituída pelo "evento"! O evento é uma "entrada" para a estrutura social. Segundo Chartier (1987, p. 115-35), a "história geral" de Foucault foi substituída por uma microhistória, pela história antropológica, pelo retorno do evento. A ida às estruturas mais profundas, que continua a ser o objetivo principal dos *Annales*, não é feita exclusivamente pela construção de séries e suas articulações, mas a partir de um evento, uma vida, uma prática. A quantificação serial não foi abandonada, mas perdeu-se a ilusão científica que a sustentava. Para Duby, a quantificação, pela ilusão de cientificidade e de resultados tão precisos como os das ciências exatas, paralisava a dúvida, o espírito crítico, e constituía uma cortina de fumaça, um álibi para a mediocridade. Na realidade, argumenta, o computador é comandado por um programa, que é uma construção a partir de problemas. Uma parte do material histórico deve ser tratada quantitativamente, mas a interpretação retomou seu lugar (DUBY; LARDREAU, 1980, p. 112).

Enfim, a terceira geração não acreditava mais na história científica que os fundadores ambicionavam e a segunda geração pensava ter atingido. Para Furet, a história conceitual é superior, do ponto de vista do conhecimento, à história narrativa, mas não se torna uma história científica. Permanecem, ainda, questões e conceitos que não receberam respostas claras:

> [...] o problema posto pela evolução recente da história [...] não é de saber se a história pode se tornar uma ciência, levando em consideração a indeterminação do seu objeto, a resposta a esta questão é indubitavelmente negativa [...] A história oscilará sempre entre a arte da narrativa, a inteligência do conceito e o rigor das provas; mas se as provas são melhor asseguradas, e seus conceitos, mais explicitados, o conhecimento ganha e a arte da narração não perde nada. (FURET, 1982, p. 89-90)

Para realizar essa "história-literatura provada", os colaboradores dos *Annales* desde 1929 aumentaram muito o campo das fontes históricas e sofisticaram as técnicas de análise de suas fontes. Foram engenhosos para inventar, reinventar ou reciclar as fontes, utilizaram escritos de todo tipo, documentos psicológicos, arqueológicos, orais, estatísticos, plásticos, musicais, literários, poéticos, religiosos. Da arqueologia, continuarão a utilizar as cerâmicas, as tumbas, os fósseis, as paisagens, os conjuntos arquiteturais, as inscrições, as moedas; da economia, os arquivos de bancos e empresa, os balanços comerciais, os documentos portuários, os documentos fiscais e alfandegários; da demografia, os registros paroquiais, os registros civis, os recenseamentos; da antropologia, os cultos, os monumentos, os hábitos de linguagem, os livros sagrados, a iconografia, os lugares sagrados, as relíquias, os gestos e as palavras miraculosas, a medicina popular, as narrativas orais, os processos da inquisição, os testamentos, o vocabulário, o folclore, os rituais; do Direito, os arquivos judiciários, os processos criminais, os arquivos eleitorais, as correspondências oficiais, a legislação... As técnicas para o tratamento dessas fontes são igualmente oferecidas pelas diferentes ciências sociais com que a história se associou: estratigrafia, teorias econômicas e sociais, informática, reconstituição de famílias, análise estatística, modelos, inventários, lexicografia, fotografia aérea, dendrocronologia, carbono 14, genealogia, onomástica, microfilmagem, registro sonoro, registro cinematográfico ou em vídeo, fenologia... Apesar dessa verdadeira revolução documental, Certeau (1974, p. 23) considera que, a questões diferentes, a mesma instituição técnica não pode fornecer respostas novas. Os *Annales* teriam ainda esse desafio.

Enfim, no editorial do número 6 da revista do grupo, de 1989, os *Annales* definem sua concepção mais atual da história, que confirma a recusa da história global e reconhece o fim da sua ambição científica:

> [...] um processo social reenvia a uma multidão de experiências existenciais, individuais e irredutíveis [...] Como todo discurso científico, a história só produz comentários, modelos de inteligibilidade [...] O saber histórico não progride por totalização mas, para usar metáforas fotográficas, pelo deslocamento da

objetiva e pela variação do foco [...] a cada nível de leitura, a trama do real aparece diferente [...] A exploração da diversidade do real não pode passar pela redução do número de ligações causais ou pela busca de um hipotético princípio racional único. À simplificação, os modelos históricos devem preferir a complexificação. (p. 1320-1)

A LEGITIMIDADE INTELECTUAL E SOCIAL DA HISTÓRIA

O problema da legitimidade social e intelectual da história foi posto por Bloch (1974) através da pergunta inocente e inquietante de uma criança: "Para que serve a história?". Procurando responder a essa complexa questão, Bloch partirá de uma constatação: a história é constituidora da cultura ocidental. Assim, antes de tudo, a civilização ocidental é histórica, desde as suas origens gregas e romanas confirmadas pelo cristianismo. Os gregos criaram o gênero histórico, os romanos o utilizaram em sua expansão imperial; os cristãos são profundamente historiadores: seus livros sagrados possuem datas, eventos, rituais, uma escatologia. A civilização ocidental cultivou sempre sua memória diferentemente das outras culturas. A presença do conhecimento histórico no seu interior é uma das suas características mais distintivas. Bloch considera ainda: isso poderia mudar. A civilização ocidental poderia se desinteressar da história e essa possibilidade não é impensável. Mas, então, ele conclui, isso seria uma mudança radical, uma revolução. Entretanto, prossegue, quando as crises e as guerras se aprofundam, a sociedade indaga ao historiador se ele sabe analisar o passado e, na medida em que sua análise não impede a experiência de guerras e crises, começa a duvidar da validade do seu esforço. Se o conhecimento histórico não pode prever e evitar a infelicidade, qual seria sua utilidade? O que ensina e para que serve a história, já que ela não ajuda a evitar e a resolver catástrofes sociais?

Diante dessa interrogação, que é posta em termos de paixão e decepção, Bloch começa "leve", mas exato: ainda que a história não tivesse nenhuma outra utilidade, serviria ao menos para nos divertir. Satisfaz, antes de tudo, um gosto, uma curiosidade. "O espetáculo das atividades humanas seduz a imaginação", afirma ele. A história se aproximaria de certa forma de poesia, pois elabora um discurso sobre o humano em suas múltiplas manifestações, pelo prazer de conhecer o humano ser. E de se reconhecer nesse conhecimento do outro. A história para Bloch toca, portanto, em primeiro lugar a sensibilidade e a inteligência. Parece-nos que ele é tão consistente nessa reflexão que tenderemos a nos fixar exclusivamente sobre o seu raciocínio. Ele continua a sua argumentação: se a história se reduzisse a esse prazer de conhecer o outro e de se reconhecer nele, um tal investimento material e em capacidades humanas valeria a pena? Por fim, interroga: o que legitimaria um esforço intelectual? A utilidade? O prazer? A especulação?

Para a sociedade moderna, um conhecimento é válido por sua utilidade. Portanto a história, para valer seu investimento, teria necessidade de servir à previsão e à ação. A ciência tem, finalmente, necessidade de ajudar os homens a viver melhor. Como a história poderia contribuir para isso? Bloch procura distinguir o problema da "utilidade" da história do problema de sua "legitimidade intelectual": ela pode ser indiferente ao *homo faber*, ao *homo politicus*, mas é fundamental ao *homo sapiens*. Mas, continua Bloch, se a utilidade não é suficiente para legitimar um conhecimento, um conhecimento não é suficientemente legítimo sem uma dimensão pragmática. Qual seria a dimensão pragmática do conhecimento histórico? O conhecimento do passado parece inútil, pois o atual não repete o acontecido. Por outro lado, o conhecimento do acontecido é uma "referência" para o atual, que deixa de experimentar sua atualidade em silêncio e isolamento. A história tem, portanto, uma utilidade pragmática de valor incalculável: estabelece o diálogo entre os homens passados, em suas situações e soluções específicas, e os homens do presente, em seus problemas específicos. Esse diálogo entre presente e passado aumenta, no presente, o número de participantes no debate e o das capacidades inventivas, pela introdução dos homens e das criações passadas. Quem poderia negar sua significação capital para as melhores resoluções no presente? A história impede que o atual seja vivido solitária e silenciosamente, em estado de amnésia. Ela restabelece o diálogo entre o presente e o passado, entre os homens mortos, que recuperam a vida, e os homens vivos, que reconhecem a morte. Tal é sua imensa utilidade. Bloch, parece-nos, oferece uma resposta definitiva a essa inquietante questão. O conhecimento histórico é, portanto, legítimo por diversas razões:

(a) porque é a marca principal da civilização ocidental; se se tira a história da civilização ocidental, essa seria outra, o que nos faz pensar que esse conhecimento age sobre os fundamentos mesmos da "estrutura mental ocidental" e pertence a ela tão profundamente que se tornou inconsciente;

(b) o conhecimento histórico é um prazer, o prazer do conhecimento do outro, a curiosidade de conhecer situações que ele viveu, o que ele sentiu, como sobreviveu, como morreu;

(c) o conhecimento histórico tem uma legitimidade intelectual: interessa ao *homo sapiens*, que quer se

conhecer e se reconhecer, e quer conhecer por conhecer o que o rodeia e a ele mesmo;

(d) o conhecimento histórico possui uma legitimidade
social, é útil porque põe em contato os homens do
presente com os do passado.

Quanto a Febvre, é um defensor ainda mais entusiasta
desse diálogo dos vivos com os mortos. Para ele, o historiador estuda a vida passada e seria o intermediário entre
os homens de ação de hoje e a decisão de ontem:

> Passado não quer dizer "morte" para um historiador [...]
> Ele reencontra a vida e não impõe aos vivos as leis deixadas
> pelos mortos [...] O passado não obriga [...] É através do pre-
> sente que se reconhece e interpreta o passado. O historiador
> faz a história que o presente tem necessidade [...] Organizar
> o passado em função do presente: é o que se poderia chamar
> a função social da história. (1965, p. 15, 21, 31, 438)

Flandrin (1987, p. 17-8) considera, entretanto, que
os *Annales* respondem mal à questão da legitimidade do
conhecimento histórico e que, atualmente, esse problema
não está resolvido nem rediscutido. Os *Annales*, para
Flandrin, consideram a questão da utilidade da história
como uma questão ociosa, pois parecem pensar que a
história, como toda ciência, tem nela própria o seu fim e
não necessita de justificação e deve somente progredir.
Julgamos tal avaliação incorreta – primeiro, porque as
respostas de Bloch e Febvre à questão são satisfatórias e,
segundo, porque tal questão não é ausente das interven-
ções dos novos *Annales*.

Para Duby, por exemplo, o trabalho do historiador é
o de pôr questões sobre o homem, a partir do homem de
hoje, e tentar responder a elas, considerando o comportamento da sociedade atual em uma etapa anterior de sua
duração, através da interpretação de vestígios, respeitando

as regras de método, a interlocução dos profissionais-pares e da imaginação-arte. Para ele, o discurso histórico é útil porque aguça o olhar sobre o presente, comparando o atual e a alteridade do passado. O conhecimento histórico ensina a diferenciar as durações, as vidas; ensina a dúvida metódica, a crítica da informação, a perspicácia no juízo, a liberdade de pensamento, a análise lúcida da informação tendenciosa. A história ensina a complexidade do real, sua diversidade, suas especificidades (DUBY; LARDREAU, 1980, p. 188-9). Certeau exprime essas mesmas ideias de uma maneira sintética e precisa:

> [...] o passado é, primeiro, o meio de representar uma diferença. A operação histórica consiste em recortar o dado segundo um lugar presente que se distingue de seu outro (passado), a tomar distância com relação a uma situação adquirida e a marcar assim por um discurso a mudança efetiva que permitiu este distanciamento. Ela tem um efeito duplo: de um lado historiciza o atual [...] presentifica uma situação vivida. Ela obriga a explicitar a relação da razão reinante a um lugar próprio que, por oposição a um passado, torna-se presente. (1974, p. 33)

Le Goff está tão convencido da utilidade da história, que reivindica, com veemência, a presença do saber histórico em toda atividade científica e em toda práxis. No domínio da ação social, da política, da religião, da arte, a presença desse saber seria indispensável, pois a história é o conhecimento das "condições históricas" de toda ação, é o conhecimento da "duração" e, portanto, fundamento de toda criação no tempo. Para Le Goff, apesar de falível, imperfeito, discutível e jamais inocente, mas submetido às regras de elaboração, o "saber histórico" transforma o passado em meio de liberação do presente. O historiador deverá lutar para que a história conhecida e vivida seja outra (1988, p. 350). Mas é igualmente verdadeiro que, apesar de falar de "liberdade" e "luta pela liberdade", Le

Goff se abstém de mostrar direções ou mesmo de "conceitualizar" essas proposições, o que não esclarece muito sua concepção da legitimidade do conhecimento histórico.

Veyne discorda de Le Goff e faz uma reflexão sobre o papel da história que retirará toda referência à "liberdade", à "consciência histórica", à "experiência vivida do presente". Para ele, a história é somente a organização, pela inteligência, de dados que se referem à temporalidade, que não é a do *Dasein*. A história seria uma atividade intelectual gratuita. Um conhecimento sem fins políticos, éticos ou lucrativos, um conhecimento inofensivo: ela desvaloriza, tira a paixão, mostra que a história de nossa pátria é tão entediante como a dos estrangeiros. O historiador olha tragédias e as acha "interessantes". A história, conclui Veyne, é uma atividade de conhecimento e não uma arte de viver (Veyne, 1971).

A partir dessas reflexões de historiadores dos *Annales*, representantes da primeira e da terceira gerações, pensamos poder concluir, apesar das divergências entre alguns dentre eles, que a legitimidade intelectual da história é anterior à sua utilidade: o homem é um objeto de conhecimento como qualquer outro, que exige uma problematização, hipóteses, conceitos, documentos, reflexão e pesquisa. Porque o homem existe e o faz na duração, um conhecimento racional desse objeto deveria se constituir: é a história. Por outro lado, apesar de secundária, a utilidade da história, ou sua legitimidade social, não é inexistente. Pelo contrário, a consideramos de um valor inestimável: o historiador é nada mais nada menos do que o "mediador de um diálogo", de um debate, entre os homens passados, cuja presença torna-se viva, e os homens presentes, que se sentem menos solitários e desprotegidos. Esse diálogo promovido pelo historiador oferece aos homens do presente uma interlocução, um conforto, melhor localização de si no tempo, o sentido específico da diferença, da alteridade e da identidade. Aos homens do passado, esse diálogo oferece igualmente a esperança de sobreviverem à sua finitude. A história dos *Annales* também serve, como todas as outras escolas históricas serviram, à "evasão do tempo", à administração da intolerável experiência da finitude.

POSFÁCIO

História da História (1950/1960) História e Estruturalismo: Braudel *versus* Lévi-Strauss

O Confronto institucional-espistemológico-político entre a História e a Etnologia em Lévi-Strauss

Há cerca de 2.500 anos, a história, a etnologia e a geografia nasceram juntas, gêmeas e siamesas, filhas do mesmo pai: Heródoto de Halicarnasso. Desde então, lutam para se separarem física-institucionalmente e para se distinguirem epistemologicamente. Durante dois milênios, a história venceu esse combate, pois se dedicou à genealogia e ao elogio dos vencedores. Mas a etnologia permaneceu viva entre as suas dobras e fissuras e, recentemente, nos anos 1950/1960, sob o impacto da maré estruturalista, cuja onda mais alta e mais forte foi a obra de Lévi-Strauss *Antropologia estrutural*, publicada em 1958 (a introdução "História e Etnologia" foi publicada pela primeira vez como artigo na *Révue de Méthaphysique et Morale*, em 1949), ela reapareceu com força, recomeçando a luta original entre os saberes sobre os homens em sociedade e relançando os historiadores em sua permanente e saudável crise acerca do conhecimento que produzem. A antropologia lévi-straussiana forçou a historiografia a se colocar os seguintes problemas: o conceito de "estrutura" seria compatível com o de "história" ou se excluiriam? A proposta de uma "história estrutural" não seria contraditória? Os homens fazem a história e não sabem ou a fazem e sabem que a fazem? A percepção de uma "estrutura social" não imporia o determinismo e aboliria a liberdade individual? Seria possível a emergência do novo ou toda novidade seria aparente, pois apenas o desdobramento dele? (LÉVI-STRAUSS, 1958).

Essas questões foram repostas porque Lévi-Strauss pôs em dúvida a cientificidade da história e até mesmo a sua possibilidade como saber. Em defesa do renascimento da etnografia e da etnologia, ele atacou a sociologia e a história. Da sociologia, cujo pai talvez possa ter sido Tucídides, ele se livrou rapidamente. Para ele, a sociologia não havia atingido o sentido de *corpus* do conjunto das ciências sociais como para ela aspiraram Durkheim e Simiand. Ela se confunde com a filosofia social, quando se põe a refletir sobre os princípios da vida social e sobre as ideias que os homens têm dela, ou se reduz a uma especialidade menor da etnografia, quando faz pesquisas positivas sobre a organização das sociedades complexas. Para Lévi-Strauss, se algum dia a sociologia vier a integrar os resultados das pesquisas sobre as sociedades primitivas e complexas, oferecendo conclusões universalmente válidas, ela merecerá o lugar de coroamento da pesquisa social que foi sonhado para ela por Durkheim e Simiand. Mas ela ainda não obteve este sucesso e poderia ser ou substituída ou absorvida pela etnologia. Quanto à história, ele parecia querer substituí-la pela etnografia, definida como "observação e análise dos grupos humanos em sua particularidade, visando a reconstituição tão fiel quanto possível da vida deles".

A etnologia (ou antropologia, para os países anglo-saxões) faria a análise dos documentos apresentados pelo etnógrafo. Antes de Lévi-Strauss, os sociólogos durkheimianos já tinham posto o historiador na posição de coletor de fontes, atribuindo-lhe a "condição superior" de teórico e analista das fontes. Agora, em Lévi-Strauss, o etnógrafo parece substituir o historiador, e o etnólogo-antropólogo substituiria o sociólogo.

Contudo, se o ataque à sociologia foi aparentemente rápido e fácil, o ataque à história lhe deu mais trabalho. Lévi-Strauss é ambíguo em sua avaliação da relevância da história. Se, por um lado, sustenta que "história e etnologia não podem nada uma sem a outra", "que os procedimentos são indissociáveis", que as duas juntas são como "Janus de duas faces", por outro, pode-se perceber um forte mal-estar com a hegemonia da história entre as ciências sociais. Ele protesta contra o tratamento especial que alguns filósofos, especialmente Sartre, com quem dialoga também rispidamente, dão ao tempo e à história, que considera um preconceito contra os homens primitivos e arcaicos, ditos "sem história", um etnocentrismo injustificável. Para ele, o etnólogo respeita a história, mas não lhe dá um valor privilegiado. Ele a concebe como pesquisa complementar à sua: a história desdobra as sociedades no tempo; a etnologia, no espaço (a geografia faria o quê?). Para ele, a história não merece ter mais prestígio porque o tempo e a diacronia não oferecem uma inteligibilidade superior à da sincronia e à do espaço. O prestígio da história viria do fato de se prestar a um equívoco: ela oferece uma "ilusão de continuidade", apoiada em outra ilusão interna, a de que o eu é contínuo. A etnologia oferece, ao contrário, um sistema descontínuo, as diversas sociedades no espaço, e não aceita a ilusão da continuidade do eu, que é constituído mais pela exterioridade social do que pela consciência de si.

Para ele, geralmente se define história e etnologia afastando-as de tal forma que chegam a se opor:

a) a história trata de sociedades complexas e evoluídas, cujo passado é atestado por arquivos, e a etnologia trata das sociedades impropriamente ditas "primitivas, arcaicas, sem escrita", com um passado de difícil apreensão, tendo que reduzir o seu estudo ao presente;

b) a história privilegia os fatos produzidos pelas elites, e a etnologia os fatos da vida popular, costumes, crenças, relações elementares com o meio;

c) a etnologia estuda as "sociedades frias" (sem história), e a história as "sociedades complexas ou quentes" (históricas) (LÉVI-STRAUSS, 1958).

Lévi-Strauss, num primeiro momento de paz, contesta essas distinções e oposições, pois acredita que a história e a etnologia podem e devem trabalhar juntas: "o conhecimento da estrutura não significa renúncia a conhecer a sua evolução", "a análise estrutural e a pesquisa histórica fazem bom casamento", "é preciso ultrapassar o dualismo entre evento e estrutura", "a busca de uma ordem e a exaltação dos poderes criadores dos indivíduos não são excludentes", "a história só faz sentido próxima do estruturalismo" e, citando Febvre e Bloch, afirma que toda boa obra histórica é etnológica. Neste momento de brandura, Lévi-Strauss propõe a pesquisa interdisciplinar entre história e etnologia, ao defender a possibilidade de uma "história estrutural".

Contudo, esse momento de aceitação romântica da companhia da história pela etnologia não é permanente. Logo, Lévi-Strauss passa ao ataque mais raivoso contra a historiografia:

1º) ele é cético, agnóstico, em relação à possibilidade do conhecimento dos fatos do passado. Para ele,

a) o fato histórico nunca é o que se passou, pois é constituído abstratamente pelo historiador. O historiador é um *bricoleur*. Tanto ele quanto o agente histórico escolhem, recortam, são parciais. Uma "visão total" do acontecido é impossível. As interpretações jacobina e aristocrática da Revolução Francesa são opostas e verdadeiras. A Revolução Francesa tal como se fala jamais existiu. O conteúdo factual não sustenta uma narrativa verdadeira;

b) é ilusório e contraditório conceber o devir como um desenvolvimento contínuo, desde a pré-história. As datas são separadas como os números: não se passa de uma à outra. Há descontinuidade entre as evoluções. Essa ideologia do progresso se refere à Europa e impõe o seu domínio sobre realidades sociais que desconhecem continuidade e progresso;

c) os registros históricos nada mais são do que interpretações, tanto no estabelecimento dos eventos quanto nas avaliações deles. A coerência formal de qualquer narrativa histórica é um "esquema fraudulento" imposto pelo historiador aos dados. Um fato histórico acontece, mas onde aconteceu? Qualquer episódio histórico pode ser decomposto em uma multidão de momentos psíquicos e individuais. Os fatos históricos não são dados ao historiador, mas construídos por ele. A história é mítica;

d) O historiador tem que escolher entre explicar e diminuir o número de dados ou aumentar o número de dados e explicar menos. Uma "história detalhada" não melhora a compreensão do passado, dificulta. Se quiser narrar a mudança, o historiador está condenado ao Castigo de Sísifo. A realidade não é um agregado de unidades elementares: fatos, símbolos, ideias. Não há mensagem pontual, mas um sistema subjacente (LÉVI-STRAUSS, 1958; White, s/d).

2º) Lévi-Strauss opõe e sobrepõe o conhecimento da estrutura inconsciente, produzido pela etnologia, ao conhecimento da diacronia superficial dos fatos, produzido pela história:

Ele retira o valor cognitivo da temporalidade que a história privilegia. Para ele, a diferença essencial entre a história e a etnologia não é nem de objeto nem de objetivo. Ambas têm o mesmo objeto, a vida social, e o mesmo objetivo, uma melhor compreensão do homem. Elas se distinguem pela escolha de "perspectivas complementares": a história trata de expressões conscientes e a etnologia trata "das condições inconscientes da vida social". A etnologia é o estudo da cultura ou civilização: crenças, conhecimentos, artes, moral, direito, costumes, hábitos, para os quais é difícil obter uma justificação racional. Os indígenas dirão que os homens sempre foram assim, por ordem de Deus ou ensinamento dos ancestrais. Quando há interpretação são apenas elaborações secundárias, racionalizações. As razões inconscientes de um costume permanecem inconscientes. Os homens não buscam uma legislação racional para a sua ação. O pensamento coletivo escapa à reflexão. Os fenômenos culturais têm uma natureza inconsciente como a da linguagem. A estrutura da língua permanece desconhecida daquele que fala, e ela impõe ao sujeito quadros conceituais que são tomados como categorias objetivas.

O linguista faz uma "comparação real". Das palavras, ele extrai a realidade fonética do "fonema"; deste, a realidade lógica de elementos diferenciais. E, quando reconhece em vários lugares a presença dos mesmos fonemas ou o emprego dos mesmos pares de oposição, ele não compara seres individualmente distintos entre si: é o mesmo fonema, o mesmo elemento, que garante a identidade profunda a objetos empiricamente diferentes. Não se trata de dois fenômenos semelhantes, mas de um único. A atividade inconsciente do "espírito" impõe formas a um conteúdo e são as mesmas formas para todos os espíritos, antigos e modernos, civilizados e primitivos. A estrutura inconsciente é que explica as mesmas instituições e costumes em lugares/épocas diferentes.

Jean Piaget, procurando definir mais sistematicamente o conceito fugidio de "estrutura", chegou às seguintes características:

a) é um "sistema", uma coerência, que comporta leis que conservam o sistema, enriquecendo-o pelo jogo de suas transformações sem fazer apelo a elementos exteriores;

b) é uma "totalidade", os elementos constituem um todo, submetidos às leis de composição do sistema. Os elementos são relacionais;

c) ela se "transforma": as leis de composição são estruturadas e estruturantes. O sistema sincrônico da língua não é imóvel e repele ou aceita inovações. Há um equilíbrio diacrônico, uma reorganização, uma reestruturação. As estruturas são intemporais, lógico-matemáticas;

d) ela se "autorregula": elas são fechadas e as transformações não levam para fora de suas fronteiras. Uma subestrutura pode entrar em uma estrutura maior, mas isso não anula as suas leis internas. Há autorregulação lógico-matemática;

e) ela permite a "formalização", que é obra do teórico e pode traduzir-se em equações lógico-matemáticas ou em um modelo cibernético. Mas, a estrutura é independente do modelo e pertence ao domínio particular da pesquisa (PIAGET, 1970).

Contudo, qual é a via para se atingir esta estrutura inconsciente? Por um lado, Lévi-Strauss continua valorizando a história, porque para a análise das estruturas sincrônicas é necessário recorrer a ela. A história mostra a superfície da sucessão de instituições, dos acontecimentos, permitindo à etnologia perceber abaixo deles a estrutura subjacente e a ordem permanente. Esse "esquema subjacente" se reduz a algumas relações de correlação e oposição inconscientes. Fatores históricos múltiplos, como guerras, migrações, pressão demográfica, fazem desaparecer clãs e aldeias, mas a organização social profunda e complexa permanece. Apesar dos eventos históricos, aparentemente desestruturantes, a estrutura inconsciente sempre se reestrutura, se reorganiza e se restabelece. Mas, por outro lado, o estruturalismo de Lévi-Strauss é sobretudo anti-histórico. Se a etnologia estrutural não é indiferente aos processos históricos e às expressões conscientes, ela os leva em conta para eliminá-los. Sua finalidade é atingir, além da imagem consciente e sempre diferente que os homens formam de seu devir, um inventário de possibilidades inconscientes, que não existem em número ilimitado e que oferecem uma arquitetura lógica do desenvolvimento histórico, que pode ser imprevisto, mas não arbitrário. Para Lévi-Strauss, a frase de Marx "os homens fazem a história, mas não sabem que a fazem" justifica primeiro a história e, depois, valoriza sobretudo a etnologia.

Lévi-Strauss acredita na perenidade da natureza humana, que se revela na ordem mental, intelectual. O intelecto humano é permanente e se impõe sobre a mudança. Para ele, o social não predomina sobre o lógico-intelectual. As estruturas lógicas das normas e costumes abolem a mudança histórica. A busca da inteligibilidade não chega à história; parte dela, para aboli-la. O espírito humano é sempre idêntico a si mesmo e predomina sobre o social e o histórico. A história não diferencia o "selvagem" e o "civilizado", pois têm a mesma estrutura lógico-intelectual, que torna irrelevante a sua aparente diferença ambos histórica. Lévi-Strauss prefere distinguir as sociedades "arcaicas" das "históricas" pela relação que mantêm com a temporalidade. Para ele, o que as separa não é o fato de serem umas "quentes" e outras "frias", umas "primitivas" e outras "civilizadas". Para ele, todas as sociedades são históricas. Entretanto, algumas o admitem francamente, enquanto por outras a historicidade é rejeitada e ignorada. As sociedades mitológicas negam a história, o ritual suprime o tempo transcorrido. A história se anula a ela mesma. O tempo é melhor quando suprimido, e não quando é reencontrado. Os mitos foram criados para o enfrentamento, pela sua supressão, das sacudidas e da fricção dos eventos. O mito é contra a mudança histórica. A mitologia resiste à mudança histórica ao reequilibrar o sistema (LÉVI-STRAUSS, 1971).

Para nós, Lévi-Strauss deixou-se influenciar pelo seu objeto de estudo, as "sociedades arcaicas ou primitivas", e absorveu a sua representação do tempo e da história. Ele se opôs ao Iluminismo europeu, à utopia moderna, ao sonho revolucionário da sua época, recorrendo à representação do tempo e da história dos indígenas Bororó. Para ele, o objetivo das ciências humanas não é constituir o homem ou levá-lo à realização final em uma sociedade moral, mas "dissolvê-lo". A análise etnográfica não visa a produção da mudança, mas quer atingir invariantes que revelem a ordem subjacente à diversidade empírica das sociedades humanas. A etnologia quer reintegrar a cultura na natureza, a vida em suas condições físico-químicas. Para ele, "dissolver" não significa destruir as partes do corpo submetido à ação de outro corpo. A solução de um sólido em um líquido apenas modifica o agenciamento de suas moléculas. A ideia da humanidade integrada à natureza pela etnologia é contra o projeto cristão-iluminista, que enxergava a história como a via real para a emancipação da humanidade. Lévi-Strauss quer compreender a vida como uma função da matéria inerte. Para ele, a explicação científica não consiste em passar de uma complexidade a uma simplicidade, mas na substituição de uma complexidade menos inteligível por outra mais inteligível (LÉVI-STRAUSS, 1962).

Conclusão: para ele, a complexidade mais inteligível é a história sob o domínio ("dissolvida") das estruturas permanentes da natureza. A história como diacronia e mudança é incognoscível, pois é apenas a superfície das estruturas naturais profundas. Para nós, Lévi-Strauss, em certa medida, foi vítima do seu "método empático", da sua "observação participante". Ele se deixou seduzir e dominar pela representação do tempo e da história dos indígenas que estudava. E com esse excesso de "empatia" e "participação", ele, o sujeito da pesquisa, perdeu o seu controle e se deixou "dissolver" no seu objeto-sujeito de análise. Ele entrou com uma representação europeia na aldeia e saiu "convertido" pelo "bom selvagem brasileiro", para quem a mudança histórica é motivo de medo e angústia e cuja utopia é integrar-se o mais radicalmente à ordem natural. Para o indígena, a ordem natural é a ordem verdadeiramente sagrada, e Lévi-Strauss, talvez, tenha reconhecido em sua representação do tempo e da história a promessa de uma emancipação da humanidade mais profunda e serena, menos dramática e sangrenta, do que a prometida pelo projeto revolucionário europeu. Ele aderiu ao modelo de "representação fria" da história ao abolir a temporalidade. Teria Lévi-Strauss se transformado em um "indígena brasileiro"?

Enfim, em Lévi-Strauss, a etnologia se opõe radicalmente à história em três aspectos: *institucionalmente*, porque disputa a preeminência entre as ciências sociais, para controlar as instituições de ensino e pesquisa; *epistemologicamente*, porque se opõe à história progressiva, evolutiva, teleológica, que considera ideológica e não científica, e propõe a busca da ordem subjacente, imóvel, permanente, que permite uma análise matemática, científica;

politicamente, porque se opõe ao projeto utópico-revolucionário da modernidade, que acelera a história com a produção de eventos dramáticos e propõe uma desaceleração conservadora da história com a sua dissolução na ordem natural-sagrada.

A RÉPLICA DOS HISTORIADORES: BRAUDEL E A DEFESA DA "HISTÓRIA ESTRUTURAL"

A resposta dos historiadores a Lévi-Strauss foi dada por Fernand Braudel em seu artigo "A longa duração", publicado na revista *Annales ESC*, em 1958, e republicado posteriormente na coletânea *Escritos sobre a História*. Esse é um dos capítulos mais importantes da história da historiografia contemporânea, que todo historiador não pode desconhecer. Na primeira metade do século XX, os Annales defenderam a história contra os ataques dos sociólogos durkheimianos e dos filósofos e antropólogos estruturalistas. Foi uma época de "combates e apologias da história", sob a liderança de Lucien Febvre e Marc Bloch. Uma estratégia frequentemente usada pelos Annales é transformar os seus fortes adversários em aliados, como fizeram com Durkheim e Simiand, que foram ao mesmo tempo combatidos e recebidos e apropriados. Braudel usará esta mesma estratégia com Lévi-Strauss ao explorar a sua ambiguidade em relação à história e fazer o seu elogio do historiador. Como vimos, o próprio Lévi-Strauss já duvidava da sua rejeição da história quando sustentou em diversos momentos que "a história e a etnologia deviam trabalhar juntas", "que o conhecimento da estrutura não significava renúncia a conhecer a sua evolução", "que a análise estrutural e a pesquisa histórica fazem bom casamento". Os Annales e Braudel irão argumentar a favor da história nessa direção: é preciso evitar o dualismo entre evento e estrutura. A história é o conhecimento da "dialética da duração", e, em sua articulação de durações, o evento não se opõe à estrutura (BRAUDEL, 1969).

Ao mesmo tempo que combate o seu estruturalismo anti-histórico, Braudel procura reconhecer a importância da avaliação feita por Lévi-Strauss da historiografia. Mas, para ele, Lévi-Strauss, ao chamar a atenção para o lado estrutural da vida dos homens, não estava trazendo nenhuma novidade, pois os Annales já faziam o entrelaçamento de evento e estrutura desde os anos 1920 em obras monumentais como "O problema da descrença no século XVI, a religião de Rabelais", de Febvre, e "Os reis taumaturgos", de Bloch. Portanto, a rigor, o historiador não tinha muito a aprender com Lévi-Strauss, pois já praticava uma "história estrutural" consistente e fecunda há muito tempo, sob a influência de Saussure, Durkheim e Vidal de la Blache. Ao contrário, Lévi-Strauss, sim, teria muito a aprender com os historiadores dos Annales, pois se equivocava ao desvalorizar a dimensão temporal, que os historiadores sempre privilegiaram. Aliás, e Braudel aproveita para fazer o *lobby* da história, todos os cientistas sociais deveriam ler os historiadores dos Annales para compreenderem a importância central da dimensão temporal na vida social. Para Braudel, os cientistas sociais em geral, e não somente Lévi-Strauss, se equivocam ao desprezarem a pesquisa do passado, ao tentarem escapar à duração, à explicação histórica. Eles erram quando consideram a explicação histórica como "empobrecida, simplificada, reconstruída, fantasmagórica". Para Braudel, os cientistas sociais evadem do tempo histórico por dois caminhos opostos: o *eventualista*, que dialoga com a sociologia de Georges Gurvitch, que valoriza em excesso os estudos sociais, fazendo uma sociologia empirista, limitada ao tempo curto do presente, à enquete viva, servindo aos governos atuais; o *estruturalista*, que suprime a diacronia, a sucessão dos eventos, a mudança.

Lévi-Strauss ultrapassa o tempo vivido imaginando uma formulação matemática de estruturas quase intemporais. Seu objetivo é ultrapassar a superfície de observação para atingir a zona dos elementos inconscientes dos quais se possa analisar as relações, esperando perceber as leis da estrutura simples e gerais.

Para Braudel, quem opõe evento e estrutura e se detém ou no evento ou na estrutura são o sociólogo e o antropólogo. O historiador não comete esse erro de análise. Ele os articula em uma "dialética da duração". Por isso, para ele, é importante afirmar com força a importância e a utilidade da história, que trata das durações sociais, dos tempos múltiplos e contraditórios da vida dos homens. O historiador se interessa pelo que é mais importante na vida social: a oposição viva, íntima, repetida, entre o instante e o tempo lento a passar. A história dos Annales, ao não se restringir ao tempo do evento, curto, individual, acontecimental, não produz mais a narrativa dramática e precipitada da história tradicional. Os Annales não narram apenas a sucessão dos eventos, que consideram barulhenta, explosiva, fumaça que ofusca a consciência dos contemporâneos, pois não dura. O historiador dos Annales já sabia que o tempo curto é a mais caprichosa e ilusória das durações e tinha levado a história tradicional a ser também caprichosa e enganadora. Mas a história dos Annales também não se deixou enganar pelo conceito de "estrutura social" e não aceitou a imobilidade, a perenidade, a intemporalidade atribuída à vida social. Na história não pode haver sincronia perfeita. Uma parada instantânea, que suspenda todas as durações, ou é um absurdo ou é muito abstrato. Em história, para Braudel, não há "estrutura", mas "longa duração".

A "longa duração" não é uma imobilidade sem mudança, não é uma ausência de duração. É uma "duração longa", i.e., uma mudança lenta, um tempo que demora a passar. Quando entrou no trabalho do historiador, a perspectiva da "longa duração" o transformou. A história mudou de estilo, de atitude, passou a ter uma nova concepção do social. A "estrutura histórica" ou "longa duração" é uma arquitetura, uma realidade que o tempo gasta lentamente. A "longa duração" é suporte e obstáculo. Como obstáculo, ela se refere aos limites que os homens não podem ultrapassar: quadros geográficos, realidades biológicas, limites de produtividade, quadros mentais. São "prisões de longa duração". Como suportes, elas são a base que sustenta todo empreendimento humano, que explica a história. O historiador, portanto, há muito não comete o erro cometido pelos cientistas sociais: não opõem evento e estrutura. Ele articula durações curtas, médias e longas. A história dos Annales é mais econômico-social-mental do que política e faz outro corte do tempo social, outra periodização, articulando o tempo curto a ciclos, interciclos, de 10 a 60 anos, a tempos mais longos de 100 a 1.000 anos. Por dispor de uma temporalidade nova, o historiador dos Annales podia recorrer a métodos quantitativos, aos modelos, às matemáticas sociais, à informática.

O historiador dos Annales admite que há um inconsciente social, um pensamento coletivo irrefletido, que aparece em fontes massivas, seriais. Ele já utiliza desde os anos 1920/1930 modelos simples ou complexos, qualitativos e quantitativos, estáticos e dinâmicos, mecânicos e estatísticos na sua análise dessas semi-imobilidades profundas. Mas essa aceitação do tempo longo e o uso de modelos não impediram a abordagem da mudança. Os modelos são confrontados à duração e valem o quanto dura a realidade que eles registram. As estruturas não são eternas, não há homem eterno. Os modelos são como navios que flutuam por algum tempo e depois naufragam. O historiador se interessa sobretudo pelo momento do naufrágio, quando o modelo encontra o seu limite de validade. Lévi-Strauss trata de fenômenos de muito longa duração: mitos, proibição do incesto, como se as matemáticas qualitativas pudessem revelar o segredo de um homem eterno. Entretanto, para Braudel, as matemáticas qualitativas podem ser muito eficientes para as sociedades mais estáveis estudadas pelo antropólogo, mas terão a sua prova de fogo quando tratarem das sociedades modernas, "quentes", dos seus problemas encavalados, das velocidades diferentes da sua vida. As matemáticas sociais devem reencontrar o jogo múltiplo da vida, todos os seus movimentos, durações, rupturas, variações, e só o historiador poderá realmente testá-las.

Enfim, o historiador não foge do evento nem da estrutura e não simplifica a sua análise da vida social. Ele não sai jamais do tempo da história, que cola ao seu pensamento como a terra à pá do jardineiro. Ele até desejaria evadir-se da temporalidade, como Lévi-Strauss. Braudel mesmo, no cativeiro nazista, quis escapar àqueles eventos difíceis dos anos 1940. Ele quis recusar o tempo dos eventos, para olhá-los de longe, julgá-los melhor e não acreditar muito neles. Quando os historiadores dos Annales fazem a "dialética da duração", eles passam do tempo curto ao tempo longo e retornam ao tempo curto reconstruindo o caminho já feito. Mas essa operação é "temporalizante" e não lança para fora do tempo histórico que Braudel descreve como "imperioso, pois irreversível, concreto, universal". O tempo histórico é exterior aos homens, exógeno, e os empurra, obriga, oprime. Lévi-Strauss só poderia escapar ao tempo da história se emigrasse para uma aldeia indígena. Porém, lá também, o tempo da "grande história" chegou de forma arrasadora e não foi possível restabelecer, reequilibrar ou reestruturar quase nada! Em relação aos indígenas americanos e do mundo todo, a história venceu a etnologia. As "sociedades frias" evaporaram sob o calor causticante do tempo histórico.

Para Burguière, "pouco estruturalismo afasta da história; muito estruturalismo exige o retorno à história". O historiador usa os métodos estruturalistas não para fugir ao barulho e furor da instabilidade da realidade histórica, mas para observar melhor as transformações e se manter o mais perto da sua tarefa: *a análise da mudança*. Em seu artigo de 1958, Braudel convocou as ciências sociais ao trabalho interdisciplinar, em equipes, para a obtenção a mais ideal possível de uma "visão global" da vida social. Para os Annales, a história só voltaria a ter a força que teve antes do século XX se voltasse a dialogar e a trabalhar em conjunto com as suas irmãs gêmeas e siamesas. É melhor que se aliem, pois o litígio sobre a qual delas deveria caber a maior parte da herança de Heródoto só poderia levá-las ao fracasso na obtenção do conhecimento o mais fecundo e eficiente da vida dos homens em sociedade. A história dos Annales é interdisciplinar: etno-história ou história antropológica, histórica social, história demográfica, geo-história, história econômica, história imediata (em aliança com o jornalismo/mídia), psico-história, etc. (Burguière, 1971).

Braudel defende a melhoria das relações entre os cientistas sociais entre si e com a história e a filosofia. As interfaces são inúmeras, as pesquisas comuns devem ser empreendidas através do diálogo, da "troca de serviços", da comunicação conflituosa/respeitosa, do empréstimo e da apropriação/ressignificação recíprocas de bibliografia, técnicas, temas e problemas. Os nossos paradigmas são os mesmos: os filósofos Kant, Hegel, Nietzsche, os sociólogos Marx, Weber, Durkheim, os antropólogos Mauss, Franz-Boas e Lévi-Strauss, os historiadores Ranke, Bloch e Braudel, sem mencionar os geniais médicos-psicólogos e literatos. Ou o melhor caminho para as ciências humanas seria continuar lutando entre si por verbas, lugares institucionais e reconhecimento "científico" com a faca entre os dentes?

REFERÊNCIAS

ANDERSON, P. *A crise da crise do marxismo*. São Paulo: Brasiliense, 1984.

ARON, R. *Essai sur la théorie de l'histoire dans l'Allemagne contemporaine – La philosophie critique de l'histoire*. Paris: J. Vrin, 1938a.

ARON, R. *Introduction à la philosophie de l'histoire*. Paris: Gallimard, 1938b.

BLOCH, M. *Apologie pour l'histoire ou métier d'historien*. 7. ed. Paris: A. Colin, 1974.

BOURDÉ, G.; MARTIN, H. *Les écoles historiques*. Paris: Seuil, 1983.

BRAUDEL, F. *La Méditerranée et le monde méditerranéen à l'époque de Philipe II*. v. 3. Paris: A. Colin, 1966 (1. éd. 1949.)

BRAUDEL, Fernand. La longue durée. In: *Écrits sur l'Histoire*. Paris: Flammarion, 1969.

BRAUDEL, Fernand. Personal testimony. *The Journal of Modern History*, 44 (4), Chicago: The University of Chicago Press, Dec., 1972.

BRAUDEL, Fernand. *Civilisation matérielle, economie et capitalisme XV-XVIII siècles*. v. 3. Paris: A. Colin, 1979 (1. éd. 1967.)

BRAUDEL, Fernand. *Grammaire des civilisations*. Paris: Arthaud / Fiammarion, 1987. (1. éd. 1963).

BURGUIÈRE, André. Histoire d'une histoire: la naissance des Annales. In: *Annales ESC*. n. 6. Paris: A. Colin, nov./ déc., 1979, p. 1350-1.

BURGUIÈRE, André. Histoire et structure. In: *Annales ESC*, n. 3. Paris: A. Colin, mai/juin, 1971.

BURKE, P. *The French Historical Revolution - The Annales school 1929/1989*. Cambridge/UK: Polity Press, 1990.

CARBONELL, Ch. O.; LIVET, G. (Orgs.). *Au berceau des Annales*. Toulouse: Privat, 1983.

CHARTIER, R. L'histoire ou le récit véridique. In: *Philosophie et Histoire*. Paris: Centre Georges Pompidou/BPI, 1987.

COLLINGWOOD, R. G. *A idéia de história*. Lisboa: Presença, 1978.

DE CERTEAU, M. L'opération historique. In: LE GOFF, J.; NORA, P. *Faire de l'histoire/Nouveaux problèmes*. Paris: Gallimard, 1974.

DILTHEY, W. *L'édification du monde historique dans les sciences de l'ésprit*. Paris: CERF, 1988.

DUBY, G.; LARDREAU, G. *Dialogues*. Paris: Flammarion, 1980.

EHRARD, J.; PALMADE, G. *L'histoire*. Paris: A. Colin (Coll H), 1965.

FEBVRE, L. *Combats pour l'histoire*. Paris: A. Colin, 1965.

FLANDRIN, J. L. De l'histoire-problème à l'approche historique des problèmes. In: GADOFFRE, G. (Dir.) *Certitudes et incertitudes de l'histoire*. Paris: PUF, 1987.

FOUCAULT, M. *Les mots et les choses*. Paris: Gallimard, 1966.

FREUND, J. *Les théories des sciences humaines*. Paris: PUF, 1973.

FURET, F. *L'atelier de l'histoire*. Paris: Flammarion, 1982.

GAY, P. Ranke: o crítico respeitoso. In: *O estilo em história*. São Paulo: Companhia das Letras, 1980.

GLENISSON, J. L'historiographie française contemporaine: tendances et realisations. In: Comité Français des Sciences

Historiques. *La recherche historique en France de 1940/65.* Paris: CNRS, 1965.

GODELlER, M. *Rationalité et irrationalité en economie.* Paris: Maspero, 1974.

HABERMAS, J. *Les discours philosophiques de la modernité.* Paris: Gallimard, 1985.

HEGEL, G. W. F. *Leçons sur Ia philosophie de l'histoire.* Paris: J. Vrin, 1945.

HOBSBAWM, E. A contribuição de K. Marx à historiografia. In: BLACKBURN, R. *Ideologia na ciência social.* Rio de Janeiro: Paz e Terra, 1982.

HOLANDA, S. B. *O atual e o inatual em L. Von Ranke.* Ranke. São Paulo: Ática, 1979. (Col. Grandes Cientistas Sociais.)

IGGERS, G. *New Directions in European Historiography.* London: Methuen, 1988.

JULLIARD, J. La politique. In: LE GOFF, J.; NORA, P. *Paire de l'histoire-nouvelles approches.* Paris: Gallimard, 1974.

KUHN, T. *La structure des révolutions scientifiques.* Paris: Flammarion, 1983.

KULA, W. Histoire et économie: la longue durée. In: *Annales ESC.* n. 2. Paris: A. Colin, 1960.

LANGLOIS, C.; SEIGNOBOS, C. *Introduction aux etudes historiques.* Paris: Hachette, 1898.

LAURENT-ASSOUN, P. *Marx et la répetition historique.* Paris: PUF, 1978.

LE GOFF, J. *La nouvelle histoire.* Bruxelles: Complexe, 1988.

LEFEBVRE, G. *La naissance de l'historiographie moderne.* Paris: Flammarion, 1971.

LEFORT, C. *Les formes de l'histoire.* Paris: Gallimard, 1978.

LES ANNALES. Editorial. *Annales ESC,* n. 6. Paris: A. Colin, jui./aout, 1989, p. 1320-1.

LÉVI-STRAUSS, Claude. *Anthropologie structurale.* Paris : Plon, 1958.

LÉVI-STRAUSS, Claude. *La pensée sauvage*. Paris: Plon, 1962.

LÉVI-STRAUSS, Claude. Le temps du mythe. In: *Annales ESC*, n. 3 e 4. Armand Colin: Paris, mai/août/1971.

MARX, K. *Contribuição à crítica da economia política*. São Paulo: Martins Fontes, 1977.

MARX, K. *Teses sobre Feuerbach*. São Paulo: Abril Cultural, 1978. (Col. Os Pensadores.)

MARX, K.; ENGELS, E. *A ideologia alemã*. Lisboa: Presença, (s.d).

NOIRIEL, G. Pour une approche subjetiviste du social. In: *Annales ESC*, n. 6. Paris: A. Colin, 1989, p. 1446-9.

NORA, P. Le retour de l'événement. In: GOFF, L.; NORA, P. *Faire de l'histoire/Nouveaux problèmes*. Paris: Gallimard, 1974.

PIAGET, Jean. *Le Structuralisme*. Paris: PUF, 1970.

REIS, J. C. *A Escola dos Annales, a inovação em História*. 2. ed. São Paulo: Paz e Terra, 2004. (1. ed. 2000)

REIS, J. C. *Nouvelle Histoire e tempo histórico: a contribuição de Febvre, Bloch e Braudel*. São Paulo: Ática, 1994a.

REIS, J. C. *Tempo, história e evasão*. Campinas: Papirus, 1994b.

REIS, J. C. *Escola dos Annales, a inovação em história*. São Paulo: Paz e Terra, 2000.

REIS, J. C. *Wilhelm Dilthey e a autonomia das ciências histórico-sociais*. Londrina/PR: Eduel, 2003b.

REIS, J. C. *História & teoria, historicismo, modernidade, temporalidade, verdade*. Rio de Janeiro: FGV, 2003a.

REVEL, J. Les paradigmes des Annales. *Annales ESC*. n. 6. Paris: A. Colin, nov./déc. 1979.

REIS, J. C.; CHARTIER, R. L. Febvre et les sciences sociales. In: *Historiens et géographes*, n. 272. Paris: APHGEP, fév. 1979.

RICŒUR, P. *Temps et récit*. v. 3. Paris: Seuil, 1983/85.

SCHAFF, A. *Histoire et verité*. Paris: Anthropos, 1971.

SCHMIDT, A. *El concepto de naturaleza en Marx*. México: Siglo XXI, 1976.

SCHNÄDELBACH. *Philosophy in Germany (1831-1933)*. Cambridge: Cambridge University Press, 1984.

STOIANOVITCH, T. *French Historical Method – The Annales paradigm*. Ithaca and London: Cornell University Press, 1976.

THOMPSON, E. P. *The Poverty of Theory and Others Essays*. New York/London: Monthly Review Press, 1978.

TREVOR-ROPPER, H. R. F. Braudel, the Annales, and the Mediterranean. In: *The Journal of Modern History*. n. 4. Chicago: The University of Chicago Press, Dec., 1972.

VEYNE, P. *Comment on écrit l'histoire*. Paris: Seuil, 1971.

VILAR, P. *Histoire marxiste, histoire en construction*. Paris: Seuil, 1982.

WHITE, Hayden. *Trópicos do discurso: ensaios sobre a crítica da cultura*. São Paulo: Edusp, s/d.

Este livro foi composto com tipografia Palatino e impresso
em papel Off Set 75 g na Formato Artes Gráficas.